KKB

AF559531

Jie-Hyun Lim

Opfernationalismus

Erinnerung und Herrschaft in der postkolonialen Welt

Aus dem Englischen
von Utku Mogultay

Verlag Klaus Wagenbach Berlin

Jenseits des mnemonischen Eurozentrismus Vorwort zur deutschen Ausgabe

Für ein deutschsprachiges Publikum bin ich ein Osthistoriker im doppelten Sinne. Ich komme aus Ostasien und forsche zur Rolle Polens als Deutschlands Osten. Ich bin in Seoul geboren und begann mein Geschichtsstudium im Jahr 1977, als die antikommunistische Entwicklungsdiktatur in Südkorea ihren Höhepunkt erreichte. Ich neigte damals intuitiv zum Sozialismus, den ich als humanistische Alternative zur brutalen Realität des Marktstalinismus in Südkorea verstand. Als autodidaktisch geschulter Osteuropaforscher untersuchte ich die polemischen Auseinandersetzungen zwischen den Vertretern des Sozialpatriotismus der PPS (Polnische Sozialistische Partei) und jenen des proletarischen Internationalismus der SDKPiL (Sozialdemokratie des Königreichs Polen und Litauen). Trotz unterschiedlicher historischer Rahmenbedingungen erinnerten die Diskursgefechte in Polen an die linken Grabenkämpfe in Südkorea, die in den Achtzigerjahren zwischen den Befürwortern der nationalen Befreiung und jenen der Volksdemokratie ausgetragen wurden. Dass sich linke Kräfte wie jene im aufgeteilten Polen und im geteilten Korea genuin mit der nationalen Frage befassten, ist ein seltenes Phänomen in der Geschichte des westlichen Marxismus. Viel öfter wurde sie verdrängt und instrumentalisiert. Aus diesem Grund zog mich die Geschichte des polnischen Marxismus stärker an als der westliche Marxismus. Die linke Sensibilität für die nationale Frage geht in Polen wie in Südkorea darauf zurück, dass diese beiden Länder eine Position innerhalb der ›Globalen Osten‹ teilen – innerhalb eines vielgestaltigen, relationalen und darum im Plural zu benennenden Ostens in der globalen Moderne.

Die Parteigeschichtsschreibung in der Volksrepublik Polen und die kritische linke Historiografie in Südkorea weisen ähnliche historische Konturen und Merkmale auf: ein besetztes und kolonisiertes Land; die Abwesenheit eines souveränen Nationalstaats; eine ursprüngliche Vorstellung von der Nation; hartnäckig sich behauptende Überreste des Feudalismus; der unterentwickelte Kapitalismus; die gescheiterte bürgerliche Revolution; die Geringschätzung des Parlamentarismus; die illiberale und antipluralistische politische Kultur; die Unreife der modernen individuellen Subjektivität – die Liste ließe sich fortsetzen. Beide Länder stehen exemplarisch für den preußischen Weg der kapitalistischen Entwicklung. Die Betrachtung als *Sonderweg* beschränkt sich nicht auf eine deutsche Eigenheit, sondern verweist auf die Transversalität der historischen Imagination im globalen Rahmen oder zumindest im Hinblick auf Polen und Korea. Abgesehen von klassischen Köpfen des Marxismus wie Róża Luksemburg und Kazimierz Kelles-Krauz waren es vor allem die Arbeiten polnischer (Ex-)Marxisten der Nachkriegszeit – darunter etwa Oskar Lange, Julian Hochfeld, Witold Kula, Leszek Kołakowski, Zygmunt Bauman, Andrzej Walicki und Adam Schaff –, die mir ein Problemfeld eröffneten, das eng verbunden ist mit der modernen Geschichte Polens als einem Teil der ›Globalen Osten‹.

Als ich im Winter 1990 erstmals nach Polen reiste, sprühte das Land vor Begeisterung über die ersten demokratischen Präsidentschaftswahlen in der postkommunistischen Ära. Lech Wałęsa, Solidarność-Ikone und aussichtsreicher Kandidat, zog mit seiner Kampagne unter der Losung, aus Polen »ein zweites Japan« machen zu wollen, meine Aufmerksamkeit ganz auf sich. Ich erinnere mich noch lebhaft, wie verwundert ich über dieses Versprechen war, denn für mich klang es so, als ob »der Westen zum Osten« oder »Europa zu Asien« gemacht werden sollte. Damals nahm ich den konventionellen geografischen Blickwinkel ein, wonach Polen im Westen und Japan im Osten zu verorten seien. Jahre später erkannte ich darin ein Abbild jenes Historizismus, der den fortgeschrittenen Westen und den rückständigen Osten auf einer einzigen welthistorischen Zeitachse anordnet. In diesem Modell wird Polen dem Osten zugeschrieben und Japan dem Westen. Im herkömmlichen geografischen Sinne mag Japan zwar im »Osten« liegen, dennoch gehört es – anders als Polen – ökonomisch und sozial betrachtet zum »Westen«. In Wałęsas Slogan von 1990 wurde Polen zu Japans Osten beziehungsweise Asien und Japan zu Polens Westen beziehungsweise Europa.

Ein Osthistoriker im doppelten Sinne zu sein prägte meine intellektuelle Reise nachhaltig. Als ich in Polen lebte, im ›Osten‹ des ›Westens‹, öffnete mir dies die Augen dafür, dass ›Ost‹ und ›West‹ beziehungsweise ›Europa‹ und ›Asien‹ eine imaginative Geografie bezeichnen, die politisch und historisch konstruiert ist. Während Polen in Deutschland als ›Osten‹ gilt und in den Bereich *Ostforschung* fiel, wird Deutschland in Polen in der Schriftenreihe *Studia Zachodnie* als ›Westen‹ untersucht. Polen seinerseits sieht sich als Westen, der dem ›asiatischen‹ Russland gegenübersteht. Dass auch Japan so weit ging, Russland zu orientalisieren, um sich nach seinem Sieg im Russisch-Japanischen Krieg als westlich zu positionieren, verwundert daher nicht. ›Westen‹ und ›Osten‹ sind keineswegs Bezeichnungen für fest umrissene, eindeutig verortete Räume, sondern veränderliche Kategorien. Als ich mich im transregionalen Raum zwischen Seoul und Warschau bewegte, begriff ich allmählich die dynamische Relationalität von Ost und West. »Ich komme aus einem Land, das im Westen des Ostens und im Osten des Westens liegt«, um es in den Worten von Sławomir Mrożek zu sagen.

Rückblickend kann ich mich glücklich schätzen, den scheinbaren Übergang vom Kapitalismus zum Sozialismus unter der Entwicklungsdiktatur in Südkorea durchlebt und später den in umgekehrter Richtung verlaufenden Übergang vom Sozialismus zum Kapitalismus in Polen nach 1989 beobachtet zu haben. Für Südkorea war die »verdichtete« Modernisierung und die Entwicklungsdiktatur der Siebziger- und Achtzigerjahre eine nutzbringende, aber auch leidvolle Erfahrung, weshalb sich das Land für Historiker als anregendes Soziallabor darstellte. Ebenso bot die radikale Transformation des postkommunistischen Polens nach 1989 ein so interessantes wie reiches Untersuchungsfeld für die sozialwissenschaftliche Forschung. Diese zwei gegenläufigen, zeitlich nah beieinanderliegenden Transformationsprozesse zu reflektieren und an ihnen teilzuhaben, sie zu erfahren und mitzuerleben, bewog mich dazu, die Dämonologie des Kalten Kriegs in ihrer linken wie auch rechten Spielart infrage zu stellen. In Polen wurde der Kommunismus in die Nähe der politischen Rechten gerückt, während man das antikommunistische Lager als links bezeichnete. Viele Polen sahen im Kommunismus eine Ideologie, die Industrie- und Landarbeiter unterdrückte. In

Südkorea war es umgekehrt. Die sozialistischen Dissidenten gehörten zur Linken, und die antikommunistischen Befürworter der Entwicklungsdiktatur wurden Rechte genannt.

Im Feld der Erinnerungskultur gestaltete sich die transnationale Umwälzung der politischen und ideologischen Links-Rechts-Konstellation noch unübersichtlicher. Fanatische Antikommunisten aus Südkorea und eiserne Kommunisten aus Polen näherten sich einander an, als sie die populäre Nostalgie für die Entwicklungsdiktatur beziehungsweise das kommunistische Regime instrumentalisierten und für sich ausnutzten. Südkoreanische Linke und polnische Antikommunisten wiederum bestritten, dass es eine solche Nostalgie überhaupt gäbe. Beide Gruppen waren nämlich unerschütterlich davon überzeugt, das unschuldige Volk in ihren Ländern hätte niemals eine Bande politischer Verbrecher unterstützen können. Angesichts dieser bizarren Erinnerungsgenossenschaft, die sich zwischen gegnerischen politischen Lagern in der globalen Konstellation herausbildete, löste ich mich von den Feindbestimmungen des Kalten Kriegs, ob sie nun in der rechten oder linken Variante daherkamen. Was beide nämlich gemeinsam haben, ist die Besessenheit von einem vereinfachenden Dualismus, der eine kleine Gruppe böswilliger Täter und eine Vielzahl unschuldiger Opfer einander gegenübergestellt. Sobald man diesen historischen Dualismus jedoch abstreift, tritt ein vielschichtiges Feld von Erinnerungen – an Krieg und Kolonialgräuel, Holocaust und Gulag, Diktatur und Demokratie, Opfer- und Täterschaft, Zeugenschaft und Kollaboration – in den Vordergrund einer nationalen und transnationalen Konfliktszenerie.

Nachdem ich mich enttäuscht vom Realsozialismus in der Volksrepublik Polen abgewandt hatte, schwand mein anfängliches Interesse an der Ideengeschichte des polnischen Marxismus. Zu Beginn der Nullerjahre kehrte ich mit anderen Fragen nach Polen zurück. Der *Historikerstreit po polsku* (polnischer Historikerstreit), ausgelöst durch die Veröffentlichung von Jan Gross' Buch *Nachbarn* im Jahr 2000, weckte mein Interesse für das Bewusstsein von Opferschaft im globalen Erinnerungsraum. Inspiriert von Zygmunt Baumans Konzept des »ererbten Opferstatus« entwickelte ich die These vom »Opfernationalismus«, um die verflochtenen Erinnerungen an Krieg und Genozid in Polen, Deutschland, Israel, Japan und Korea begrifflich zu fassen. Ich verstehe den Opfernationalismus als eine Erzählschablone, die Nationen mit »ererbtem Opferstatus« – der eine Gruppe in der Gegenwart und die Opfer einer Vorfahrengeneration postum aneinander bindet – moralische Gerechtigkeit verschaffen und zu historischer Legitimation verhelfen kann. Indem sie das Vermächtnis der Opferschaft der Vorfahren weiterführt, erscheint die Nation mit ererbtem Opferstatus als moralisch rein. Im Zuge der Globalisierung der Erinnerung und der Entstehung von globaler Empathie mit Opfergruppen hat sich der Schwerpunkt in nationalistischen Erinnerungsdiskursen verschoben: Vom Heldentum verlagerte er sich zum Opferstatus.

Ich kann mir nur schwer vorstellen, dass ich ein Interesse an der globalen Geschichte und der Erinnerungspraxis des Opfernationalismus entwickelt hätte, wenn ich nicht zwischen Ostasien und Osteuropa hin und her gewandert wäre. Diese beiden Regionen waren während des Zweiten Weltkriegs zwar nicht unbedingt durch historische Ereignisse verknüpft, doch nach dem Krieg verwoben sich ihre Erinnerungsdiskurse allmählich miteinander. Bis dahin lokal begrenzte Erinnerungen – wie die an Hiroshima/Nagasaki und Auschwitz; den Holocaust und den Kolonialgenozid; Stalins Gulags und Hitlers Konzentrationslager; die Vertreibung Deutscher aus Osteuropa nach 1945 und die *hikiage* (die Repatriierung japanischer Siedler nach Japans Kriegsniederlage); die Zwangsprostitution der ›Trostfrauen‹ und die sexuelle Gewalt in Ruanda und im ehemaligen Jugoslawien; die Zwangsarbeit im Dritten Reich und die *kyousei-chouyoyu* (Zwangsmobilisierung) im Japanischen Kaiserreich – sollten im globalen Erinnerungsraum mit der Zeit ineinandergreifen und umgeschichtet werden. Kürzlich heftete sich der israelische Botschafter bei der Sitzung der UN-Sicherheitsrats am 30. Oktober 2023 einen gelben ›Judenstern‹ an, um den terroristischen Angriff der Hamas auf Israel anzuprangern, während die diplomatische Vertretung der Palästinenser in Tokio gegen die Bombardierung Gazas protestierte, indem sie am 23. Oktober in den Sozialen Medien Israels Vorgehen mit dem Abwurf der als »Little Boy« bekannten Atombombe auf Hiroshima verglich.

Die Erinnerungslandschaft im dritten Jahrtausend hat infolge der Globalisierung einschneidende Veränderungen erfahren. Sie bietet dabei ein äußerst dynamisches Bild – der Holocaust ist zum Mahnmal für den transatlantischen Sklavenhandel und Kolonialgenozid geworden, während das Gedenken an die koloniale Gewalt auf reziproke Weise die Erinnerung an den Holocaust und andere Genozide evoziert. Die Globalisierung des Erinnerns regte eine Erinnerungsforschung jenseits von mnemonischem Eurozentrismus an, wobei vor allem postkolonialen Ansätzen eine herausfordernde Rolle zukommt. Indem diese Ansätze kritisch des westlichen Kolonialismus gedenken, stellen sie die eurozentrische Selbstreflexion des Holocaust infrage, die der westlichen Zivilisation als ein beständiger Rückbezugspunkt dient, um sich immer neu ihrer humanistischen Werte zu vergewissern. Ausgehend von Zygmunt Baumans Überlegungen zur Dialektik der Moderne erscheint die westliche Demokratie jedoch nicht als Gegenpol zum Holocaust, sondern birgt dessen Möglichkeit in sich. Eine postkoloniale Erinnerungskultur unterläuft somit den Diskurs der »ungerechtfertigten moralischen Selbstzufriedenheit« des Westens – und wird daher nicht selten abgewehrt. Sie erschütterte die voreingenommene Entgegensetzung von der westlichen Demokratie, die an Völkermord im Allgemeinen unschuldig ist, und der östlichen Diktatur, die voller völkermörderischer Verbrechen ist. Wenn man Holocaust und Kolonialgenozid als in der globalen Moderne angelegte Bedrohungen begreift, dann wird der Holocaust zu »unserem« Problem jenseits spezifischer ethnischer und nationaler Fragen. Der weit verbreitete Glaube, dass nur der »importierte Antisemitismus« aus muslimischen Ländern im heutigen Deutschland problematisch sei, zeigt die moralische, auf Selbstexkulpation abzielende Bequemlichkeit des Westens. Das posteurozentrische Gedächtnis in Deutschland kann die globale Moderne durch den kritischen Blick auf die westlichen genozidalen Verwicklungen problematisieren.

Die hier abgedruckten Essays sind Versuche, den mnemonischen Eurozentrismus in Bezug auf den Holocaust zu provinzialisieren. Verständlicherweise steht der Begriff »Relativierung« schon lange auf dem *Index expurgatorius* der deutschen Geschichtsschreibung und Erinnerungskultur, vor allem seit dem Historikerstreit von 1986/87. Ernst Noltes mechanistische Nebeneinanderstellung der Verbrechen des Nationalsozialismus und der des Stalinismus war vor allem problematisch, weil damit die Gräueltaten der Nazis im Rahmen des

Holocaust entschuldigt und heruntergespielt wurden. Vergleich und Relativierung sind Begriffe, die zu euphemistisch sind, als dass sie Noltes »Europäischen Bürgerkrieg« charakterisieren könnten; Nolte förderte das reduktionistische Denken, nach dem der Nationalsozialismus als Abwehrreaktion auf die Aggression der Bolschewiki zu interpretieren sei, die sich gegen den Westen richtete. Jeglicher Bemühung darum, den Holocaust in einen vergleichenden Zusammenhang mit anderen Genoziden zu stellen, die im Rahmen des Kolonialismus und Stalinismus verübt worden sind, haftet seitdem der scharlachrote Buchstabe ›R‹ an. Auch die hysterische Aburteilung Achille Mbembes durch Anhänger des von Dirk Moses so bezeichneten »Katechismus der Deutschen« kann in der Kontinuität der großen Sorge über die beschämende Relativierung des Holocaust verstanden werden. In dem durch die Mbembe-Kontroversen ausgelösten Historikerstreit 2.0 stand die politische Konstellation jedoch in nahezu diametralem Gegensatz zu jener des Historikerstreits der Achtziger Jahre. Es waren vor allem Konservative, die die Einzigartigkeit des Holocausts betonten, während die Linken den postkolonialen Nexus des Holocausts herausstellten. Der politisch-historische Kontext, in dem der Holocaust relativiert wird, muss historisiert und seinerseits relativiert werden. Worum es in diesen Debatten geht, ist nicht mehr die Frage, ob relativiert wird, sondern auf welche Weise.

Alle historischen Ereignisse, einschließlich des Holocausts, sind einzigartig, und das schlicht deshalb, weil sie nicht gleich sein können. Die historische Singularität des Holocausts ist jedoch nicht gleichzusetzen mit seiner Unvergleichbarkeit. Statt Vergleichbarkeit auszuschließen, ermutigen historische Singularitäten zum Vergleich. Das Tabu der Unvergleichbarkeit des Holocausts zu brechen, ist eng mit dem Bestreben verbunden, die nationale Erinnerungskultur in Deutschland zu entprovinzialisieren. Aus der Perspektive der globalen Erinnerungsformation offenbart der Mbembe-Streit den postkolonialen Nexus der Holocaust-Erinnerung, der die Einzigartigkeit und Unvergleichbarkeit des Holocausts als Markstein des kritischen Gedenkens im Deutschland nach 1968 überschreitet. Trotz aller guten Absichten verschließt das deutsche nationale Gewissen, das in der Kollektivschuld am Holocaust wurzelt, die Augen davor, dass europäische Nachbarn Komplizen beim Mord an den Juden waren und ihn geduldet haben. Die alleinige nationale Verantwortung Deutschlands für den Holocaust hat wie eine Deckerinnerung gewirkt, um die nichtdeutsche Mittäterschaft zu verschleiern. Ganz zu schweigen vom »Vichy-Syndrom«: Der osteuropäische Historikerstreit und die dortige selbstentlarvende Erinnerungskultur in der Zeit nach 1989 sind beredte Zeugnisse für das transnationale Dilemma der Holocaust-Erinnerung. Die Nationalisierung der Holocaust-Erinnerung in Deutschland neigt dazu, den kolonialen Völkermord und die Verbrechen des Westens ebenso zu verdrängen wie die Mitschuld des Ostens am Holocaust. So behindert das deutsche Nationalbewusstsein das Aufkommen eines transnationalen Gewissens, das die osteuropäische Mittäterschaft beim Holocaust und die westliche Schuld am kolonialistischen Völkermord zur Sprache bringt.

Wenn wir auf bestehende Ansätze des Vergleichens und der Relativierung blicken, erkennen wir, dass sich vielfältige lokale Erinnerungen bereits in Beziehung setzen mit dem Gedenken an den Holocaust, der inzwischen metonymisch für jegliches Verbrechen gegen die Menschlichkeit steht und zum mnemonischen Prüfstein für das Böse geworden ist. Diese Entwicklung lässt sich innerhalb der globalen Erinnerungsformation nicht mehr rückgängig machen. Doch wenn man den Holocaust als eine ethische Schablone heranzieht, um über andere Genozide und Verbrechen weltweit nachzudenken, erscheint er nicht mehr nur als eine ausschließlich deutsch-jüdische Erfahrung, vielmehr wird er zum Ausgangspunkt für eine transnationale Ziviltugend in der globalen Erinnerungsformation. Ich verwende in diesem Buch daher die Begriffe »kritische Relativierung« und »radikale Gegenüberstellung« als konzeptuelle Werkzeuge, mit denen sich sowohl das relativierende Abwälzen von deutscher Verantwortung als auch die schematische Annahme kritisch hinterfragen lassen, der Holocaust sei mit dem Kolonialgenozid des Westens nicht zu vergleichen. Beide begrifflichen Werkzeuge können der selbstentlastenden Relativierung des Holocaust wie auch den mnemonischen Eurozentrismen entgegenwirken, die sich hinter der Vorstellung des Holocaust als etwas Einzigartigem und Unvergleichbarem verbergen. Mein regionaler Fokus liegt dabei auf den ›Globalen Osten‹, vor allem auf Osteuropa und Ostasien, weil ich insbesondere die pluralen Formen der kritischen Relativierung und radikalen Gegenüberstellung im globalen Erinnerungsraum beleuchten will. Dieses Vorgehen kann hoffentlich dazu beitragen, eine »multidirektionale Erinnerungskultur« zwischen dem Westen und den ›Globalen Osten‹ zu fördern.

Der Skandal um den Hannah-Arendt-Preis, ausgelöst durch die Heraufbeschwörung des Vergleichs des Warschauer Gettos mit der Situation in Gaza durch die Preisträgerin Masha Gessen, zeigt erneut die Komplexität des Vergleichs. Der ironische Kommentar »Der Hannah-Arendt-Preis könnte wohl nicht an Hannah Arendt verliehen werden, wenn sie noch lebte«, trägt in der gegenwärtigen deutschen Erinnerungskultur ein Körnchen Wahrheit in sich. Gessens kritische Relativierung, radikale Gegenüberstellung und ethischer Vergleich zwischen nationalsozialistischen Gettos und Gaza ist nicht gleichzusetzen mit Putins Worten von der »Entnazifizierung« der Ukraine. Im Gegensatz zu Putins Legitimation der russischen Invasion und der Kriegsgräuel fordert Masha Gessen eine »differenzierte Solidarität« im Sinne des von Michael Rothberg in seinem Artikel »Holocaust Remembrance and the Ethics of Comparison« vorgeschlagenen Verständnisses. Masha Gessen wirbt für die mnemonische Solidarität unter den verschiedenen Opfern, ohne die historischen Singularitäten und Besonderheiten zu negieren. Gessens Vergleich zwischen dem Getto und dem palästinensischen Gazastreifen wirkt wie eine bewusste Metonymie, um weitere Gräueltaten im Nahen Osten zu verhindern, wo sich kritische Relativierung und radikale Gegenüberstellung überschneiden. Trotz des unterschiedlichen Kontexts und der gegensätzlichen Geschichte entspricht Gessens Episode der Vermutung von Adam Shatz, dass wiederum Frantz Fanon das Hamas-Massaker vom 7. Oktober nicht unterstützt hätte. Laut Shatz' umfangreicher postkolonialer Biografie stand Fanon dem historischen Fatalismus, den Afropessimismus und Zionismus teilen, sehr skeptisch gegenüber.

Erinnern ist grundsätzlich ein kognitiver Prozess, bei dem es nicht darum geht, sich passiv aufnehmend einer feststehenden Vergangenheit erneut zu vergewissern, sondern darum, eine Momentaufnahme aus dem beständigen Strom der Vergangenheit zu gewinnen. Wenn man sich der Vergangenheit im Jetzt erinnert, dann ist Erinnerung die Geschichte der gleichzeitigen Gegenwart. Paul

Ricœurs Überlegungen zu einer »Phänomenologie der Erinnerung« sind hier nützlich, denn an die Stelle der Frage »was erinnert werden soll« tritt bei ihm die Frage »wer erinnert«. Je nachdem, von wem und in welchem Rahmen die Vergangenheit wahrgenommen und erinnert wird, stellt sie sich jeweils anders dar. Erinnerung ist ein wesentliches Instrument einer epistemologischen Politik, die Darstellungen von Vergangenem und Konstruktionen von Geschichte entwirft. Im Sinne einer Phänomenologie der Erinnerung geht es in diesem Buch darum, das »globale Erinnerungsregime« des Opfernationalismus infrage zu stellen. Als Erinnerungsaktivist und Historiker scheint mir ein Wandel im Erinnerungsregime nicht weniger dringlich als der politische Regimewechsel. Ich wage zu behaupten, dass im Zeitalter des globalisierten Erinnerns sämtliche Transformationsstrategien, die nicht auch auf die Hegemonie des Erinnerungsregimes abzielten, historisch Schiffbruch erlitten haben. Den Opfernationalismus zu ›opfern‹, ohne dabei Asymmetrien der Viktimisierung außer Acht zu lassen, wäre der erste Schritt in Richung eines *regime change* der globalen Erinnerung.

Anlässlich der deutschen Ausgabe möchte ich meinen Kollegen und Freunden der Globalgeschichte und -erinnerung in Deutschland meinen Dank aussprechen. Die gilt in besonderem Maße für Aleida Assmann, Sebastian Conrad, Michael Geyer und Reinhart Kößler. Die Erinnerungsstudien in diesem Buch sind in erster Linie meine Antworten auf ihre Einladungen.

Italienische Literatur

Dacia Maraini
Davide Longo
Maria Bellonci Gianni Celati
Claudia Petrucci Dino Buzzati
Edith Bruck Michelangelo Antonioni Brunello Mantelli Enrico Castelnuovo
Vittorio Magnano Lampugnani Goffredo Parise
Attilio Brilli Carlo M. Cipolla Roberto Longhi Tiziano Italo Giovanni Levi
Torquato Accetto Beppe Fenoglio Luigi Meneghello Scarpa Svevo
Giuseppe Culicchia Umberto Eco Adriano Sofri Mauro Covacich
Norberto Bobbio Stefano Benni
Natalia Ginzburg Giorgio Bassani Massimo Montanari
Leon Battista Alberti
Ignazio Silone Ermanno Cavazzoni
Vito Fumagalli Marco Missiroli Antonio Tabucchi
Ascanio Celestini Franco Sacchetti
Giorgio Vasari
Salvatore Settis
Paolo Nori Baldessare Castiglione
Ascanio Condivi Alessandro Nova
Carlo Ginzburg Federigo Tozzi
Aldo Palazzeschi Arnaldo Momigliano
Antonfrancesco Grazzini Nico Naldini
Giorgio Manganelli
Ennio Flaiano Antonio Manzini
Pier Paolo Pasolini Carlo
Elsa Morante Emilio
Giulia Caminito Gadda
Francesca Melandri
Gianni Italo Calvino
Rodari Luigi Malerba
Mario Soldati Antonio Manetti
Domenico Starnone Luigi Pintor
Amara Lakhous
Alberto Moravia
Masuccio Antonio Negri
Valeria Parrella Guido Beltramini
Tommaso Landolfi Laura Mario
Anna M. Ortese Pariani Desiati
Maria Rosa Cutrufelli
Paolo Flores d'Arcais
Tommaso di Ciaula
Romano Bilenchi
Carmelo Samonà
Mario Fortunato
Roberto Zapperi
Vitaliano Brancati

Marcello Fois
Michela Murgia
Salvatore Niffoi
Paola Soriga

Andrea Camilleri
Roberto Alajmo Luigi Pirandello
Giuseppe Tomasi di Lampedusa Giovanni Verga
Gesualdo Bufalino
Elio Vittorini
Leonardo Sciascia

bei Wagenbach

Liebe Leserinnen und Leser,

Italien! Seit vielen Jahren ist Wagenbach der deutschsprachige Verlag mit den meisten Büchern aus und über Italien. Unsere Leidenschaft für dieses Land und seine Literatur wird zwar manchmal hart geprüft von regierenden Showmastern, Komikern oder in der Wolle gefärbten Nicht-Mehr-Faschistinnen, aber unsere hemmungslose Neugier auf Entdeckungen und unsere hingebungsvolle Liebe zu den Klassikern lassen wir uns nicht verderben.

Angefangen hat es mit dem Kunstgeschichtsstudenten, der mit dem Fahrrad durch Italien radelte, bis Paestum. Als er dann seinen eigenen Verlag hatte, lernte Klaus Wagenbach Giorgio Manganelli beim Gruppo 63 kennen – er wollte ihn unbedingt verlegen, obwohl ihm sein Freund Giangiacomo Feltrinelli abriet: »ist sehr gut, aber schwierig, verkauft sich nicht.« So erschien 1967 der erste italienische Autor im Verlag.

Es folgte eine fast unüberschaubare Anzahl an italienischen Autorinnen und Autoren: junge, ältere, zu modernen Klassikern gewordene des 20. Jahrhunderts, avantgardistische Stilisten und mittelmeerische Geschichtenerzählerinnen und -erzähler, Essayisten, Kunsthistoriker und politische Denker.

Und wenn wir einmal nicht das richtige Buch in Italien GEfunden haben, dann haben wir es kurzerhand selbst ERfunden: etwa eine Anthologie darüber, was einen als Nordländer auf dem Stiefel erwartet. Oder literarische Einladungen in Städte und Landschaften.

Fahren Sie mit uns nach Italien wir zeigen Ihnen, was uns gefällt!

Herzlich,

Ihre

Opfernationalismus
Nationale Trauer und globale Verantwortlichkeit

Früher beneidete man die Juden um ihre Besitztümer, Fähigkeiten, Positionen und internationalen Netzwerke [...]. Heute beneidet man sie wegen der Krematorien.

Witold Kula, 1996

Die Opferwende in der globalen Erinnerungskultur

Wir können uns keine Opfer ohne Täter vorstellen und keine Täter ohne Opfer. Die Dichotomie von Tätern und Opfern zeugt im Rahmen der Nationen vom transnationalen Charakter des Nationalismus, denn Täternationen und Opfernationen sind über ihre Grenzen hinweg miteinander verflochten. Seit sich zu Anfang des 21. Jahrhunderts »der Schwerpunkt des Globalisierungsdiskurses von der Imagination zur Erinnerung verschoben hat«,[1] werden mnemonische Konflikte zwischen Täternationen und Opfernationen in einem globalen Erinnerungsraum ausgetragen, der weiterhin im Entstehen begriffen ist. Dieser globale Erinnerungsraum hat sich zu einem Kampffeld entwickelt, auf dem widerstreitende nationale Erinnerungen um internationale Anerkennung konkurrieren. Während sich dieser Kampf um Anerkennung verschärft, gewinnt der Opferstatus für nationale Gedenkkulturen weltweit an Bedeutung. Eine oft weiblich vorgestellte Opferrolle wird gegenüber einem männlich gezeichneten Heldentum bevorzugt, um dadurch mehr Anklang bei dem Menschenrechtsregime zu finden, das dem globalen Erinnerungsraum eigen ist. Die Entstehung dieses Menschenrechtsregimes stärkte jenes »moralische Gedenken«, das die Opferwende vorangetrieben hat. Dabei steht die »Kosmopolitisierung des Holocaust« am deutlichsten für die Opferwende im globalen Erinnern. Im Rahmen des Bestrebens, dem eigenen Recht globale

Anerkennung zuteilwerden zu lassen, ist der Opferstatus zum angestammten Element eines nationalen Erbes geworden. Indem er die Generationen aneinander bindet, wird der Opferstatus konstitutiv für die nationale Identität. Durch die politische Herstellung, Inanspruchnahme und Verbreitung dieses »ererbten Opferstatus« wird ein nationales Gedächtnis geschaffen, das zwischen Opfern und ihren Nachkommen eine mnemonische Solidarität befördert.[2]

Ernest Renan schrieb in weiser Voraussicht: »[D]as gemeinsame Leiden eint mehr als die Freude. In den nationalen Erinnerungen zählt die Trauer mehr als die Triumphe«.[3] Zu Renans Lebzeiten waren Erinnerungen an Opferschaft jedoch auf den Raum innerhalb der nationalen Grenzen beschränkt. Heute sind sie grenzübergreifend miteinander verwoben, über Grenzen hinweg umkämpft, werden angefochten und verhandelt. Der Nationalstaat hat nicht länger ein Monopol auf kollektive Erinnerungen, denn paradoxerweise führte die Herausbildung eines globalen Erinnerungsraums dazu, dass Erinnerungen an nationale Opferschaft zunehmend umstritten geworden sind – der Herausbildungsprozess prägte die Formen des kollektiven Erinnerns. Eine der auffälligsten Veränderungen in der globalen Gedächtnislandschaft ist die diskursive Verschiebung vom heroischen Märtyrertum zum Status des unschuldigen Opfers. In nationalen Gedenkkulturen treten bislang marginalisierte, weiblich attribuierte Opfer immer häufiger an die Stelle von männlich imaginierten Helden. Die Überhöhung der Opferschaft, die sich in den letzten zwei Jahrzehnten auf globaler Ebene zeigt, führte jedoch nicht unbedingt zu einem Mehr an transnationaler Verantwortung, nicht einmal was menschliche Tragödien wie Genozide anbelangt. Im Gegenteil wird die Entwicklung umkämpfter Opfererinnerungen im globalen Erinnerungsraum oftmals durch nationalistische Aneignungen verzerrt. In der Annahme, die globale Öffentlichkeit werde unschuldigen Opfern größere Sympathie entgegenbringen, liefern sich verzweifelt trauernde Nationen »einen geschmacklosen Wettbewerb darum, wem das meiste Leid widerfahren sei.«[4]

Das kollektive Gedächtnis, das sich auf die Opferrolle konzentriert, ist kein neues Phänomen. Die Geschichte der nationalistischen Diskurse offenbart, dass die Opferschaft neben dem Heldenkult darin eine lange Tradition hat. Die Reconquista, der polnische

Irredentismus, das italienische Risorgimento und andere nationale Befreiungsbewegungen haben jedoch gezeigt, dass der Opfernationalismus stets bald vom Heldennationalismus überschrieben wurde. Das Aufkommen der globalen Erinnerungsformation eröffnete ein neues Kapitel des Opfernationalismus. Das Gedenken an den Holocaust ist in der globalen Erinnerungsformation zu einer transnationalen Ziviltugend geworden, die die nationalistische Metamorphose vom Held zum Opfer nachahmenswert erscheinen ließ. Nachdem die verschiedenen Opfergedächtnisse weltweit miteinander verwoben, verglichen, in Beziehung gesetzt, gegenübergestellt und voneinander angefochten worden waren, wurde die globale Erinnerungsformation zu einer Brutstätte für konkurrierende Opfernationalismen.

Begünstigt wurde die Opferwende in der globalen Erinnerungskultur durch die Binarität von kollektiver Schuld und kollektiver Unschuld. Das Denken in Kategorien der Kollektivschuld läuft darauf hinaus, dass »Menschen angeblich schuldig werden oder sich schuldig zu fühlen haben für Dinge, die nicht von ihnen, wenn auch in ihrem Namen, begangen wurden«. Hannah Arendt zufolge trägt die Kollektivunschuld, gepaart mit einer Kollektivschuld, dazu bei, dass sich unter selbsterklärten Opfern eine starke Solidarität entfaltet.[5] Wenn Schuldige nicht wegen ihrer individuellen Verfehlungen verurteilt werden, sondern wegen ihrer ethnonationalen Identität, bilden sich stabile nationale Erinnerungskollektive von Opfern wie auch von Tätern heraus. Die besonders starken Bindungen, die in Erinnerungskollektiven über die Opferschaft entstehen, gehen einher mit einem Alleinanspruch auf den Prozess der »Vergangenheitsaufarbeitung«; eine Folge davon ist, dass bestimmte Dimensionen dieser Vergangenheit verdrängt werden. Die Priorisierung des Opferstatus im Erinnerungsraum erleichtert und rechtfertigt somit den Nationalismus von Nationen, die sich als Opfer verstehen.

Heutzutage konkurrieren Nationalstaaten darum, sich in der Rolle als Opfer von Aggressornationen zu etablieren. Meine These vom »Opfernationalismus« erklärt diesen Wettbewerb als neuartiges Phänomen eines regenerierten Nationalismus im Zeitalter des globalisierten Erinnerns.[6] Ohne eine transnationale Reflexion über den Opfernationalismus lassen sich die Prozesse der »Vergangenheitsaufarbeitung« nach dem Zweiten Weltkrieg nicht begreifen, und zwar vor allem deshalb nicht, weil sich der Opfernationalismus als erhebliches Hindernis für jegliche Form von Versöhnung über Ost und West hinweg erwiesen hat. Ohne eine Demontage dieses Opfernationalismus wird sich die Vergangenheit nicht mit der Gegenwart versöhnen lassen. In den ›Globalen Osten‹, wo die Vergangenheit die Gegenwart und die Zukunft als Geiseln genommen hat, sind sämtliche Strategien, die auf eine politische Transformation abzielten, ohne diese mit einem veränderten Erinnerungsregime zu verknüpfen, letztendlich gescheitert. Um das Feld der Erinnerungspolitik in Ostasien und Osteuropa neu auszurichten, reicht der bloße Wechsel politischer Machthaber nicht aus – ebenso dringend notwendig ist ein Wandel des Erinnerungsregimes. Ein erster Schritt dahin wäre, den Opfernationalismus ins Visier zu nehmen.

Das wohl erstaunlichste Manöver des Opfernationalismus ist die magische Metamorphose des Individualtäters in ein Kollektivopfer. Dieser Akt der Verwandlung soll individuelle Täter von ihren Verbrechen entlasten. Ein anschauliches Beispiel dafür ist die Art und Weise, wie die Brüder Laudański sich über längere Zeit im Rahmen unterschiedlicher politischer Regime jeweils selbst von Schuld freisprachen. Im kommunistischen Polen hatten sich die Laudańskis – die damals einzigen lebenden Täter, die wegen ihrer Mitwirkung am antisemitischen Pogrom von Jedwabne verurteilt worden waren – noch als »Opfer des Faschismus, des Kapitalismus, des autoritären Sanacja-Regimes der Vorkriegszeit« inszeniert. Nach 1989 verdrängten der Stalinismus und die Volksrepublik Polen den Kapitalismus und das Sanacja-Regime aus der Erinnerung der Brüder. Auch nachdem die angeblichen Täter gewechselt hatten, kultivierten die Laudańskis weiter ihren Opferstatus: »Wie die ganze Nation haben wir unter den Deutschen, den Sowjets und den Volkspolen gelitten.«[7] Täter wandelten sich zu Kollektivopfern, indem sie sich hinter der Erinnerung an eine nationale Opferrolle versteckten. Die Grundlage für diese Verwandlung war die Obsession bezüglich einem nationalen Opferstatus in der polnischen Erinnerungskultur, die es individuellen Tätern aus der Opfernation ermöglichte, ihre Verbrechen herunterzuspielen.[8]

Die Sakralisierung von Erinnerung bildet den epistemologischen Grundpfeiler des Opfernationalismus. Sakralisierte Erinnerung kann dazu dienen, den zweifelnden und kritischen Blick

Außenstehender auf »unsere singuläre Vergangenheit« abzuwehren. Vielleicht ist die Sakralisierung von Erinnerung auf individueller Ebene bis zu einem gewissen Grad unvermeidlich, denn unsere persönliche Erinnerung ist im Grunde etwas Intimes, das sich mit den Erfahrungen anderer als inkommensurabel erweisen kann. Eine nationale Erinnerung kann dagegen nur entstehen, wenn persönliche Erinnerungen durch Kommunikation, Bildung, Gedenkpraktiken, Rituale und Zeremonien massenhaft geteilt werden. Eine auf diese Weise geprägte individuelle Erinnerung tendiert dazu, sich in einem kollektiven Gedächtnis zu verankern, das sich an die Stelle persönlicher unverarbeiteter Erinnerungen setzt.[9] Theoretisch sollte sich das kollektive Gedächtnis der Sakralisierung entziehen, da es durch die soziale und kulturelle Kommunikation persönlicher Erinnerungen geformt wird. In seinem Paradox wird jedoch der Unterschied zwischen den Charakteristika von Kollektiv und Individuum deutlich: Obwohl jede individuelle Erfahrung einzigartig ist und nicht vollständig vermittelt werden kann, ist die Formulierung »unvermittelbare kollektive Erinnerung« ein Widerspruch in sich.

Epistemologisch betrachtet trägt die Sakralisierung zur Anfechtbarkeit des Opfernationalismus bei. Was für eine Politik liegt also den Diskursen der Sakralisierung des Opfernationalismus zugrunde? Es sind Alltagsfloskeln wie »ihr Fremden werdet unsere tragische nationale Vergangenheit nie begreifen können«, die den Opfernationalismus gegen die historische Überprüfung abschirmen. Indem sie keinerlei Vergleich zulassen, der Außenstehenden ein Verständnis »unserer singulären Vergangenheit« ermöglichen würde, behaupten sakralisierte Erinnerungen ein nationales Monopol auf »unsere eigene Vergangenheit«. Nationalisten richten sich in dieser vertraulichen Vergangenheit eine mentale Enklave ein, die ihnen eine moralisch bequeme Position gestattet, während sie dabei sehr häufig ausblenden, dass die Nachfahren historischer Opfer zu den Tätern von heute werden können. Leider ist der Wandel von ehemaligen Opfern zu gegenwärtigen Tätern weltweit mehr als häufig zu beobachten. Dagegen kann eine vergleichende Analyse sakralisierte Erinnerungen für einen Dialog mit anderen öffnen. Durch einen solchen Austausch kann sich ein scheinbar undurchdringlicher Opfernationalismus schließlich auflösen.

Die Analyse des transnationalen Wesens des Opfernationalismus erfordert jedoch nicht nur die Desakralisierung nationaler Erinnerungen, sondern auch einen vielschichtigen Untersuchungsansatz, der an das Konzept der Verflechtungsgeschichte (*histoire croisée*) anknüpft, um die miteinander verwobene Vergangenheit von Opfer- und Täternationen zu beleuchten. Zum Beispiel sollten die Formen des Opfernationalismus in Polen, Israel und Südkorea in Hinblick auf ihr Zusammenspiel mit dem Opfernationalismus der Täter aus Nazi-Deutschland und dem imperialen Japan betrachtet werden. In der alltäglichen (und offiziellen) Erinnerungskultur im Deutschland und Japan der Nachkriegszeit grassierten erstaunlicherweise Topoi des Opfernationalismus, deren anhaltende Präsenz wiederum den Opfernationalismus in Polen, Israel und Südkorea legimitiert und verstärkt. Das antagonistische Zusammenspiel dieser Nationalismen bestimmt über die Konturen der transnationalen Erinnerung in den ›Globalen Osten‹ und bereitet auf diese Weise dem Opfernationalismus einen zusätzlichen Nährboden.[10] Fraglos gibt es bezüglich der jeweiligen Opferschaft Asymmetrien zwischen Kolonisatoren und Kolonisierten und zwischen Tätern und Opfern, doch das Ungleichgewicht dieser historischen Konstellationen sollte nicht als Entschuldigung dafür dienen, den Teufelskreis des Opfernationalismus fortzuschreiben.

Diese Asymmetrien manifestieren sich darin, dass die Vergangenheit einerseits überkontexualisiert und andererseits dekontextualisiert wird. Der Opfernationalismus in unterprivilegierten Nationen hat die Tendenz, den Opferstatus historisch zu überkontextualisieren. Durch die so verfügbaren Ebenen an historischer Faktizität wird ein Erinnerungsschild geschaffen, der von eigenen Verfehlungen ablenkt und dabei hilft, die moralisch bequeme Position als ›ewiges‹ Opfer zu zementieren. Individuelle Mörder wie die Brüder Laudański konnten Opfer bleiben, indem sie einen nationalen Opferstatus überkontextualisierten. In hegemonialen Nationen dagegen neigt der Opfernationalismus dazu, den Opferstatus historisch zu dekontextualisieren, ihn vom langen Arm der Geschichte zu entkoppeln, um eigene Verbrechen in der Vergangenheit auszublenden. Während die Überkontextualisierung die Koexistenz von Tätern, Opfern und Zuschauern innerhalb ein und derselben Nation leugnen soll, geht es bei der Dekontextualisierung darum, die Vergangenheit jener Täter zu verschweigen, die anschließend unter den besonderen Umständen gewaltsamer Vergeltungs- und blutiger Racheakte als Opfer erscheinen. In den polnischen Debatten über Jedwabne, dem Holocaust-Gedenken in Israel und den koreanischen Diskussionen über die ›Trostfrauen‹ zeigt sich ein überkontextualisierendes Moment; die im Deutschland und Japan der Nachkriegszeit geführten Erinnerungsdiskurse über Vertreibung, Rücksiedlung, Kriegsgefangenschaft, den alliierten Bombenkrieg und die Atombombenabwürfe lassen eine Tendenz zur Dekontextualisierung erkennen.

Meine Absicht ist hier nicht, eine Binarität von Täter- und Opfernationen wiederherzustellen. Ich beziehe mich deshalb auf Polen, Deutschland, Israel, Japan und Korea als Beispiele, weil ich den transnationalen Charakter des Opfernationalismus herausstellen möchte. Eine Verflechtungsgeschichte kann dabei helfen, die ineinandergreifenden Komplexitäten der historischen Wirklichkeit aufzuzeigen: die Hybridität pluraler und widersprüchlicher Erinnerungen auf lokaler, offizieller und persönlicher Ebene sowie die Meta-Erinnerungen zwischen Täter- und Opfergruppen; das fragile Spannungsfeld zwischen den Ansätzen der »Transitional Justice« und der »Liminal Justice«; die Selbstwahrnehmungen als Opfer auf der Täterseite; die Viktimisierung individueller Opfer durch einen eher abstrakten Opfernationalismus und die sich verschiebende Trennlinie zwischen Tätern und Opfern.[11] Wie lässt sich der Opfernationalismus in den Erinnerungskriegen der ›Globalen Osten‹ dekonstruieren?

Ererbter Opferstatus: Südkorea, Israel und Polen

Im Januar 2007 versetzte Yoko Kawashima Watkins' eineinhalb Jahre zuvor auf Koreanisch erschienene autobiografische Novelle *So Far From the Bamboo Grove* die südkoreanischen Massenmedien und Intellektuellenkreise in Aufruhr.[12] Die großen Tageszeitungen berichteten mehr als einen Monat lang über das Buch. In dem Bildungsroman schildert die Erzählerin, ein elfjähriges japanisches Mädchen, wie ihre Familie nach Japans Niederlage im Zweiten Weltkrieg in die Stadt Nanam im Norden Koreas zurückkehrte und dabei um ihr Leben bangen, Hunger leiden und sexuelle Übergriffe fürchten musste. Rund 2,27 Millionen japanischen Zivilisten, die aus der Mandschurei und dem Norden Koreas vertrieben wurden, soll bei der Rückkehr in ihre Heimat ein ähnliches Schicksal widerfahren sein – eine ostasiatische Version der osteuropäischen *wypędzenie* (die Vertreibung von Deutschen aus den ehemaligen deutschen Ostgebieten).[13] Im Japan der Nachkriegszeit zirkulierten zahlreiche Erzählungen über die von den Vertriebenen erlittenen Torturen. Sie begründeten ein eigenes Genre, das als *hikiage-monogatari* bezeichnet wurde. *So Far From the Bamboo Grove* war nicht das erste Werk dieses Genres, das ins Koreanische übersetzt wurde. 1951 erschien während des koreanischen Bürgerkriegs die von Fujiwara Tei verfasste *hikiage*-Erzählung *Nagareru hoshi wa ikite iru* 流れる星は生きている (1949) auf Koreanisch und avancierte zu einem der fünfzig meistverkauften Bücher in Korea seit 1945.[14] Womöglich wirkte die Erzählung für die damals unter dem Bürgerkrieg leidenden Koreaner besonders ergreifend.[15] Denn vor allem die koreanischen Kriegsgeflüchteten, die die Grenze zwischen Nord- und Südkorea überquert hatten, plagten ähnliche, von Angst und Leid geprägte Erinnerungen wie die japanischen Vertriebenen, die aus der sowjetisch besetzten Mandschurei und aus Nordkorea geflohen waren.

Als *So Far From the Bamboo Grove* 2005 auf Koreanisch erschien, war die Reaktion auf das Buch in den südkoreanischen Medien anfangs aufgeschlossen, wenn auch insgesamt eher durchwachsen. In Besprechungen wurde die koreanische Übersetzung zurückhaltend aufgenommen. Eine am 13. Mai 2005 von der Nachrichtenagentur *Yonhap News* veröffentlichte Rezension beschreibt das Werk als »eine autobiografische Novelle, die die Geschichte japanischer Vertriebener nach Japans Niederlage schildert«. In einer am 6. Mai in *Chosun ilbo*, der verbreitetsten konservativen Tageszeitung Südkoreas, erschienenen Besprechung heißt es: »Abgesehen von der Nationalität der Autorin lässt sich das Buch als Bildungsroman bezeichnen, der unaufgeregt davon erzählt, wie der Krieg für eine ganze Familie zur Belastungsprobe werden kann.« Diese frühen Kritiken deuten darauf hin, dass das Buch im Feuilleton einen zwar positiven, aber keinen bleibenden Eindruck hinterließ. In den ersten anderthalb Jahren nach Erscheinen wurden etwa 3 000 Exemplare verkauft, was auf dem südkoreanischen Buchmarkt für einen eher schleppenden Absatz spricht. Am 18. Januar 2007, fast anderthalb Jahre nach der Veröffentlichung, geriet das Buch jedoch ins Visier vier großer südkoreanischer Zeitungen und einer Nachrichtenagentur, gefolgt von einer Welle von Angriffen in den sozialen Medien. Der gesellschaftliche Druck war so gewaltig, dass der Verlag Munhakdongne nach vergeblichen Versuchen, das Buch gegen die Kritik zu verteidigen, sämtliche Exemplare kurzerhand aus dem Handel zurückziehen ließ.[16]

Es fällt überaus schwer, hinter dem gleichzeitig von sowohl progressiven als auch konservativen Medienhäusern befeuerten Proteststurm keinerlei Orchestrierung zu vermuten. Am 16. Januar 2007 hatte die südkoreanische Konsulin in Boston einen Brandbrief an die staatliche Bildungsbehörde von Massachusetts geschickt. Erstaunlicherweise verging zwischen diesem Protestbrief aus Boston und der Massenberichterstattung über *So Far From the Bamboo Grove* in Seoul kaum Zeit. Einem Artikel im *Boston Globe* zufolge prangerte der Protestbrief vor allem an, dass das Buch Koreaner als böswillige Täter und Japaner als unschuldige Opfer darstellen würde.[17] Die Konsulin habe sich höchst besorgt über die Gefahr gezeigt, dass junge Amerikaner durch die Schullektüre dieses Buchs einer »verzerrten« und »verfälschten« Geschichte Ostasiens aufsitzen könnten.[18] Gräbt man in diesem Skandal noch tiefer, kommt hervor, dass eine Gruppe namens PAAHE (Parents for an Accurate Asian History Education; Eltern für eine akkurate Darstellung asiatischer Geschichte im Schulunterricht) für diesen aus weiter Ferne entfachten Sturm des Nationalismus verantwortlich war.

Der Elternvereinigung PAAHE gehören koreanische Amerikaner aus den Metropolregionen von New York und Boston an, darunter viele gutausgebildete Ärzte und Anwälte. Sie vertrat die Ansicht, dass durch das Buch von Watkins, einer in amerikanischen Schulen vielgelesenen Autorin, US-amerikanischen Schülern, die ansonsten nur wenig über die Geschichte Ostasiens lernen, eine falsche Opfer-Täter-Verteilung vermittelt werde. Die PAAHE formulierte ihre Kritik in vorwiegend positivistischen Begriffen. Sie forderte eine »akkurate Geschichtsdarstellung Asiens«, mit eindeutigen Trennlinien, die keinen Raum für Komplexität und Mehrdeutigkeit lassen.

In den Einlassungen der PAAHE dominierten Formulierungen wie »verzerrte Wahrheit«, »fabrizierte Fakten« und »historische Lügen«. Als die von den koreanischen Amerikanern vorgebrachte Kritik über den Pazifik hinweg nach Südkorea geschwappt war, löste sie eine Lawine aus. In den sozialen Medien kursierte das Gerücht, Watkins' Vater sei ein japanischer Kriegsverbrecher und ein ehemaliger Offizier der Einheit 731, die berüchtigt ist für ihre als »Verbrechen gegen die Menschlichkeit« einzustufenden Experimente in biologischer Kriegsführung. Trotz der Obsession der PAAHE mit einer »akkuraten« Geschichtsdarstellung gibt es nach wie vor keinen Beleg dafür, dass Watkins die Tochter eines japanischen Kriegsverbrechers wäre. Ob dies nun zutrifft oder nicht, schon der Verdacht reichte, um ihre Erzählung zu diskreditieren. Allein die Andeutung ließ den Eindruck entstehen, sie könne kein unschuldiges Opfer sein.[19]

In der positivistischen Kritik der PAAHE an Watkins' *hikiage*-Erzählung zeigt sich eine kurzsichtige Geschichtsauffassung. In diesem transpazifischen geschichtlichen Tumult ging es weniger um die Geschichte Asiens an sich als um eine Manipulation von Erinnerung mit dem Ziel, das Gleichgewicht der Politiken und Beziehungen zwischen asiatischen Amerikanern zu stören. Es war nämlich vor allem die Umkehr der Täter- und Opferrollen zwischen Koreanern und Japanern, die die Mitglieder erbost hatte. In der durch die PAAHE propagierten schematischen Dichotomie von kollektiver Schuld und Unschuld sind Japaner nur als einheitliche Masse von Tätern begreifbar. Für die schmerzhaften Erfahrungen einzelner japanischer Vertriebener ist darin kein Platz – ein Schematismus, der zentral ist für das nostalgisch-ethnische Selbstbild dieser koreanischen Amerikaner.[20] Sogar noch bedeutsamer ist der darin enthaltene Ethnozentrismus, der etwa in der von koreanisch-amerikanischen Eltern geäußerten Sorge um ihre Kinder zum Vorschein kommt. Nachdem ich im *Korea Herald*, einer englischsprachigen koreanischen Zeitung, eine Kolumne über Opfernationalismus veröffentlicht hatte, erhielt ich eine private E-Mail von einer PAAHE-Aktivistin, die nicht nur meine Kolumne scharf angriff, sondern auch ihre große Sorge zum Ausdruck brachte, dass koreanisch-amerikanische Kinder Mobbing ausgesetzt sein würden, solange *So Far From the Bamboo Grove* zur Schullektüre gehört.

Dass Watkins ihre Erzählung vom japanischen Kolonialismus entkoppelt hat, könnte ein westliches Publikum, das mit der Geschichte Ostasiens nicht vertraut ist, dazu verleiten, die von kolonisierten Koreanern individuell verübten Rache- und Vergeltungsakte als schamlose Missachtung der Menschenwürde und des menschlichen Lebens zu deuten. In der Novelle erscheinen die als böswillige Täter gezeichneten Koreaner in starkem Kontrast zu den als unschuldige Opfer dargestellten Japanern. Jeder, der Watkins' Buch liest, könnte zu dem Glauben gelangen, Koreaner seien grausame Schreckenstäter, die darauf aus seien, junge und unschuldige japanische Mädchen zu vergewaltigen. Dass die amerikanische Öffentlichkeit wenig über die Geschichte und die Leiderfahrungen von Menschen in Ostasien weiß – in Gegensatz zum Leid der Juden im Holocaust –, dürfte die Angelegenheit wohl zusätzlich verkompliziert haben.[21] Was hier als Gegengewicht zur vereinfachenden Dekontextualisierung der Geschichte dienen könnte, sind verwobene Erinnerungen an Krieg und Kolonialismus in einem transasiatischen/-pazifischen Raum, der nicht auf nationale Binaritäten beschränkt ist. So gesehen hätte die Kritik der PAAHE besser auf den Eurozentrismus im US-amerikanischen Geschichtsunterricht und der historischen Forschung abzielen sollen. Stattdessen hielt die Elternvereinigung jedoch an der schematischen Dichotomie von japanischen Tätern und koreanischen Opfern fest. Ihre dem Paradigma der Kollektivschuld verpflichtete Begründung lässt erkennen, dass die PAAHE weiterhin dem hegemonialen ethnischen Nationalismus in Südkorea verhaftet ist, auch wenn sich dieses Land seit der Emigration der PAAHE-Mitglieder längst zu einer multinationalen und -kulturellen Gesellschaft entwickelt hat. Für den Nationalismus, der über große Distanzen hinweg von Emigranten getragen wird, spielt der Ethnozentrismus eine größere Rolle als für den Nationalismus in Südkorea selbst.

Der absurde Aufruhr um Watkins' Buch steht beispielhaft dafür, wie der aus der Ferne befeuerte Nationalismus einer Diaspora-Gemeinschaft den Opfernationalismus im Herkunftsland befördern kann. Tatsächlich tritt dieser Opferdiskurs im transnationalen Kontext sehr deutlich hervor. Der transnationale Charakter des Opfernationalismus lässt sich in Bezug auf Watkins' Novelle auch auf einer weiteren Ebene beobachten: der Betonung historischer Parallelen zwischen dem Opferstatus von Juden und Koreanern. In einer Bewertung von *So Far From the Bamboo Grove* auf Amazon.com schreibt etwa ein koreanisch-amerikanischer Kunde Folgendes: »Die Wahrheit über die Aggressionen und Gräueltaten der Japaner im Zweiten Weltkrieg wird darin völlig verdreht, ganz so, als ob die Gräuel von den Opfern und nicht von den Tätern begangen wurden. [...] Wenn Anne Frank eine Deutsche wäre, heute immer noch leben würde und über blindwütige, von jüdischen Widerstandskämpfern und jüdisch-amerikanischen Soldaten verübte Vergewaltigungen am Ende des Zweiten Weltkriegs schreiben würde und wenn dabei der Holocaust während des Krieges unerwähnt bliebe – würden Sie das nicht für eine VERZERRUNG der Geschichte halten?« Eine andere Kundenrezension liest sich ähnlich: »Dieses Buch hat etwas von einer Fluchterzählung, in der die Familie eines SS-Offiziers aus dem Konzentrationslager Auschwitz-Birkenau ausbricht, während die heldenhafte Tochter des Nazi-Offiziers vor grausamen und gefährlichen Juden, die man aus den Konzentrationslagern befreit hat, und den Polen flieht. So eine Erzählung ist moralisch verantwortungslos, es ist eine widerliche Lektüre, die unschuldigen Kindern aufgezwungen wird.« Diese äußerst negativen Bewertungen kommen zu dem Schluss, dass »dieses nazifreundliche Buch von der Lektüreliste gestrichen gehört«.[22]

In diesen Kundenmeinungen werden das Vergessen und die Dekontextualisierung der Kolonialgeschichte in Yoko Kawashima Watkins' Novelle kritisiert. Wenn die erzählerische Strategie von Watkins im Dekontextualisieren besteht, dann zeigt sich in den Gegennarrativen des Opfernationalismus in Korea ein überkontextualisierendes Moment. Die oben zitierten Kundenbewertungen lassen erkennen, dass der Opfernationalismus seine Wirkung in einem transpazifischen Erinnerungsraum entfaltet. Der Nationalismus allgemein hat einen auffällig transnationalen Charakter, denn die nationalistische Imagination kommt dadurch zur Geltung, dass sie sich in einem Gegenüber spiegelt. Der Opfernationalismus bildet in dieser Hinsicht keine Ausnahme. Erwähnenswert ist diesbezüglich die Novelle *Year of Impossible Goodbyes* (1991), eine von der koreanisch-amerikanischen Autorin Sook Nyul Choi verfasste, wütende nationalistische Replik auf *So Far From the Bamboo Grove*. Chois Buch enthält zwar einige »erschütternd lebhafte Szenen«, die Lesende an die Brutalität der japanischen Kolonialherrschaft erinnern, doch sie kann sich, was Erzähltempo und erzählerische Kraft anbelangt, nicht mit Watkins' Novelle messen.[23] Was Choi jedoch ebenso wenig gelingt, ist die Überwindung einer nationalistischen Binarität, denn ihre Erzählung drängt Lesende dazu, sich nur die Brutalität der Japaner und nur das Leid der Koreaner vor Augen zu führen. Eine abweichende Lesart, die etwa eine postkolonial-feministische Perspektive einnimmt, könnte dagegen aufzeigen, wie in *So Far From the Bamboo Grove* durch die Aneignung von Frauenfiguren, Familienbildern und sogar Kindheitsnostalgie ein imperiales Narrativ konstruiert wird.[24]

Aus transnationaler Perspektive zeigt sich zudem, dass die aufgebrachte Kritik der südkoreanischen Medien an *So Far From the Bamboo Grove* dieses Werk für ein japanisches Publikum sogar noch attraktiver machte. Watkins' Geschichte würde ohne die nationalistische Provokation der koreanischen Medien wohl nicht aus der langen, umfangreichen Liste von *hikiage*-Erzählungen im Nachkriegsjapan herausstechen. Als 2013 die japanische Übersetzung von Watkins' Novelle erschien, wurde sie vom japanischen Publikum mit außerordentlicher Spannung erwartet. Auf der japanischen Amazon-Website sind zum Zeitpunkt der Untersuchung unter den insgesamt 298 Bewertungen des Buchs 83 Prozent mit fünf Sternen und 10 Prozent mit vier Sternen versehen. Die durchschnittliche Bewertung fällt mit 4,7 von 5 Sternen außergewöhnlich positiv aus; in deutlichem Kontrast dazu steht etwa die mit 2,7 Sternen niedrige Durchschnittsbewertung der japanischen Ausgabe von Iris Changs *Die Vergewaltigung von Nanking*. Aus den Amazon-Kaufempfehlungen geht hervor, dass japanische Käufer von *So Far From the Bamboo Grove*, neben anderen *hikiage*-Erzählungen, auch Bücher von Autoren kauften, die die Existenz der ›Trostfrauen‹ und andere japanische Kriegs- und Kolonialverbrechen leugnen. Scrollt man weiter zur Anzeige der von den Interessenten ebenfalls angesehenen Artikel, stößt man auf viele ähnliche negationistische Bücher von japanischen, *zainichi*-koreanischen (japanisch-koreanischen) und koreanischen Autoren.[25]

Dass die Kundenrezensionen von Watkins' Buchs mit historischen Parallelen zwischen Juden und Koreanern aufwarten, ist ein Aspekt, auf den näher eingegangen werden muss. Oberflächlich betrachtet scheint das Heranziehen des Holocaust als narrative Taktik zu dienen, um ein US-amerikanisches Publikum, das mit der Geschichte Europas weit besser vertraut ist, davon zu überzeugen, dass die Koreaner und nicht die Japaner die Opfer waren. Dass historische Parallelen zwischen Juden und Koreanern gezogen werden, ist jedoch alles andere als neu, sondern prägte den nationalistischen Diskurs in Südkorea bereits in den Sechziger- und Siebzigerjahren. Damals lag der Fokus allerdings auf dem Heroismus der Juden und nicht auf ihrem Opferstatus. In der Ära der Entwicklungsdiktatur unter Park Chung-Hee diente der israelische Zionismus als Vorbild in Südkorea. Man feierte Israels eindrucksvollen Sieg im vermeintlich unerwarteten Sechstagekrieg als patriotischen Triumph junger Israelis. Die Zeitungen veröffentlichten zahllose unglaubliche Geschichten über amerikanische Juden, die ihr bequemes Leben aufgegeben und sich freiwillig zum israelischen Militär gemeldet hatten, oder über Frischverheiratete, die ihre Flitterwochen abbrachen, um an die Front zurückzukehren. Man sah in diesen Figuren selbstaufopfernde Helden und keine passiven Opfer.

Unmittelbar nach dem Militärputsch in Südkorea besuchte Park Chung-Hee 1962 die in der Provinz Gwangju gelegene Canaan-Farm, einen in einem Vorort von Seoul errichteten kollektiven Agrarhof, der von einem koreanischen Priester namens Yonggi Kim geleitet wurde. Park und der Presbyter, der die kibbuzartige Siedlung gegründet hatte, nahmen gemeinsam ein einfaches Frühstück aus Brot und Konfitüre zu sich und tranken dazu *kŏnkookcha* (Tee der Staatsbildung). Einige Monate nach Parks Besuch wurde in Südkorea das »Bataillon der Landpioniere« ins Leben gerufen, das sich aus Universitätsstudenten rekrutierte und vom Kibbuz-Gedanken inspiriert war. Genauer gesagt war das Bataillon eine Mischform aus Kibbuz und dem in der Mandschurei und der Mongolei aktiven Jugend-Pionierkorps des Japanischen Kaiserreichs (*Man-Mō kaitaku seishōnen giyūgun*). Die israelische Regierung spendete dem Obersten Rat für nationalen Wiederaufbau 1 000 US-Dollar für die koreanische Übersetzung des Kibbuz-Leitfadens. Unter der

Entwicklungsdiktatur fanden sich die Führungsfiguren der Neues-Dorf-Kampagne (*Saemaeul Undong*) und der »Industriekrieger« regelmäßig zu Ausbildungszwecken auf der Canaan-Farm ein. Aus der Pionierfarm wurde später die Canaan Farmer School, eine Landarbeiterschule, an der die erste Führungsgeneration der Neues-Dorf-Kampagne in der Hochphase der Massendiktatur ausgebildet wurde. Von dieser Ausbildungsinstitution sollte aus Sicht von Park jene anthropologische Revolution ausgehen, die für die Transformation Südkoreas notwendig sei. Und das System der Selbstmobilisierung der Massendiktatur wurde von Park Chung-Hees Regime mit Verweis auf das Vorbild Israel gerechtfertigt.[26]

Anders als oft angenommen war es nicht der Opfer-, sondern der Heldenstatus, der anfangs die öffentliche jüdische Erinnerungskultur der Nachkriegszeit prägte. Werner Weinberg, der sich zuerst in der Rolle des befreiten Gefangenen, dann in der des Vertriebenen und schließlich in der des Überlebenden wiederfand, schrieb, dass Überlebende wie er anderen Israelis wie »ein Museumsobjekt, ein Fossil, ein Freak, ein Gespenst« erschienen.[27] Nachdem David Shaltiel, unter anderem als Ben-Gurions Gesandter für Westeuropa im Einsatz, im Herbst 1945 die Lager für Displaced Persons in Deutschland besucht hatte, erklärte er unverblümt: »Diejenigen, die überlebt haben, waren die, die egoistisch waren und in erster Linie an sich selbst dachten.«[28] Auch wenn die verleumderische Vorstellung vom »Überleben der Schlechtesten« mit der Zeit verblasste, war sie unmittelbar nach dem Krieg unter Juden in der ganzen Welt weit verbreitet. Die Opfer wurden abermals viktimisiert, diesmal von ihren Landsleuten. Die als »Faktor« oder »Personal« bezeichneten Überlebenden des Holocaust wurden im zionistischen Diskurs objektiviert und instrumentalisiert. Während man die Helden des *Jischuv* in der zionistischen Literatur über den Exodus verewigte, haftete den jüdischen Geflüchteten der Schatten der klandestinen Einwanderungskampagne an.[29] Der zionistische Palästina-Diskurs über die Juden der Diaspora war von einer herablassenden Rhetorik des Mitleids durchdrungen. Als Jitzchak Sadeh, der erste Kommandant des legendären Palmach, einen Liebessermon über ankommende jüdische Geflüchtete mit dem Titel »My Sister on the Beach« verfasste, erzählte er darin eine Geschichte von »männlicher Macht [...], in der ein starker, festverwurzelter, tapferer israelischer Zionismus auf eine bezwungene, verzweifelte Diaspora trifft, die sich nach dem Tod sehnt«.[30] Zentral für diese Dichotomie zwischen hebräischem Heroismus in Eretz Israel und jüdischer Demütigung im Exil war »eine sexistische Rekonstruktion der Geschichte«, in der die Überlebenden feminisiert wurden.[31] Diese blieben auf diese Weise passiv und ihrer Handlungsfähigkeit beraubt.

Die Figur des männlichen Kriegshelden war auch für amerikanische Juden oft ein Idealbild. Kein Opfer, sondern Sieger zu sein, galt vielen von ihnen als kultureller Leitcode. Nach dem Zweiten Weltkrieg stimmten amerikanische Juden in den Chor des Siegesjubels ein, doch der Holocaust war dabei kein willkommenes Thema.[32] Bereits gegen Kriegsende hatte der Vizepräsident des American Jewish Committee John Slawson ausdrücklich gemahnt, dass »jüdische Organisationen es vermeiden [sollten], den Juden als schwach, gequält und leidend darzustellen. [...] Die Schauergeschichten über die gequälte Judenschaft müssen ausgemerzt oder wenigstens verringert werden. [...] Kriegsheldengeschichten sind hervorragend.«[33] Der exzeptionalistische Holocaust-Diskurs von heute steht in deutlichem Kontrast zu der Tatsache, dass die Führung der Anti-Defamation-League (ADL) einst den von ihr selbst in Auftrag gegebenen Film *The Anatomy of Nazism* dafür kritisierte, dass er jüdisches Leiden ins Zentrum rückte.[34] In der Zeit nach dem Zweiten Weltkrieg dominierte der Heldenkult.

Der Kalte Krieg ließ amerikanische Juden zu einer verhältnismäßigen Indifferenz gegenüber dem Holocaust tendieren. Unter dem Druck des Ost-West-Konflikts war es für jüdische Organisationen in den USA ein dringenderes Anliegen, Behauptungen zu entkräften, es bestünde ein enges Band zwischen Juden und Kommunisten. Mit Deutschland als unerlässlichem Bollwerk gegen den Bolschewismus hielten die politischen Planer in Washington die amerikanischen Juden dazu an, eine abgeklärt-realistische Haltung gegenüber Westdeutschland einzunehmen, anstatt Strafe und Vergeltung zu fordern. Der Fokus verschob sich vom Holocaust auf den sowjetischen Antisemitismus. Der Slánský-Prozess und die anschließende, gegen jüdische kommunistische Kader in der Tschechoslowakei gerichtete Säuberungswelle würden, so die Annahme, dazu führen, in der öffentlichen Wahrnehmung in den USA die Verbindung der Juden mit dem Kommunismus aufzulösen.[35] In der sachlichen Haltung der amerikanischen Juden gegenüber den Deutschen klang auch Ben-Gurions Erwägung nach, wonach Israel enge Beziehungen zu Frankreich und Deutschland pflegen müsse, um sich dem ›westlichen‹ Lager anzuschließen. Unter diesen Bedingungen war »ein ausgeprägtes Bewusstsein für den Holocaust kein fester Teil der amerikanischen jüdischen Erfahrung in den ersten beiden Nachkriegsjahrzehnten«.[36]

Solange dieser »historiografische Triumphalismus« den historischen Diskurs in Israel dominierte, bildete der Holocaust auch kein zentrales Thema der nationalen Gedenkkultur.[37] Wenn man in Israel den Holocaust erinnerte, war dieses Gedenken entlang eines Dualismus strukturiert, bei dem der Schwerpunkt auf dem aktivistischen Widerstand in den Gettos lag, während man die Rolle der jüdischen Führung in den Gettos hinterfragte. Erst 1959 wurde in Israel ein gesetzlicher Feiertag zum Gedenken an den Holocaust eingeführt. Doch auch danach standen die heroischen Kämpfer bei den Gettoaufständen weiterhin im Fokus der Erinnerung; man nahm nun offiziell Bezug auf »den Holocaust und die Aufstände in den Gettos«, »den Holocaust und den Heroismus« oder das »Gedenken an die Märtyrer und Helden«. Man nannte die Gettokämpfer »Zionisten« oder »hebräische Jugend«, andere Holocaust-Opfer wurden wiederum als »Juden« bezeichnet. Israelische Jugendliche warfen jüdischen Opfern oft vor, sich verhalten zu haben wie »Schafe, die zur Schlachtbank geführt werden«.[38] Der historiografische Heroismus glorifizierte die Masada-Kämpfer und stilisierte sie zu antiken hebräischen Kriegern der nationalen Befreiung zur Zeit des alten Roms – und entwarf so ein Gegenmodell zu den Opfern der Vernichtung.[39] Michael Warschawski erinnert sich, dass im Israel der Sechzigerjahre Schwäche als Makel galt und Schwache mit allerlei Schmähwörtern bedacht worden seien.[40]

Die Wende zum Opferstatus im Rahmen des kollektiven Erinnerns setzte mit dem Eichmann-Prozess und den Frankfurter Auschwitz-Prozessen zu Anfang der Sechzigerjahre ein. Die Gerichtsverfahren lösten bei Israelis »einen Prozess der Identifizierung mit dem Leiden der Opfer« aus.[41] Als es 1959 zu Aufständen sephardischer

Juden kam, die zumeist aus Marokko eingewandert waren, suchte die in Aufregung versetzte israelische Führung dringend nach einem patriotischen Ventil, um die nationale Einheit zu festigen. Da die Hegemonie des aschkenasischen Establishments gefährdet schien, nutzte man den Eichmann-Prozess, um die sephardischen Juden über das Schicksal der Aschkenasim im Holocaust aufzuklären. Der Sechstagekrieg 1967 verstärkte den Opfernationalismus weiter. Einen Eindruck davon vermitteln etwa die Kriegserinnerungen eines jungen Soldaten: »Die Leute glaubten wirklich daran: Wenn wir den Krieg verlieren würden, würden sie uns vernichten. Das kam durch die Konzentrationslager. Jeder, der in Israel aufgewachsen ist, hat eine ganz konkrete Vorstellung davon [...]. Völkermord – das ist eine reale Möglichkeit.«[42] 1992 ergab eine an Lehrerseminaren in Israel durchgeführte Umfrage, dass 80 Prozent der Befragten Israels Identität mit »Holocaust-Überlebenden« assoziieren.[43]

Der Opferstatus wurde zu etwas Ererbtem, doch der Opfernationalismus wischte das Jischuv-Heldentum und den Nationalstolz der Sieger nicht einfach fort. Vielmehr verknüpfte sich im Opfernationalismus die Gerechtigkeit Davids, der gegen sämtliche Goliaths der Menschheitsgeschichte ankämpft, mit einem Moment der Allmacht und Unbesiegbarkeit. Man integrierte das Heldentum und den Nationalstolz in die Vision eines jischuvistischen und shoah-zentrischen Narrativs. In diesem selbstwidersprüchlichen Narrativ bezieht sich der Opfernationalismus nicht notwendigerweise auf reale Opfer. Es geht nicht um den Schmerz und das Leid tatsächlicher Opfer, sondern um eine abstrakte Vorstellung vom Opfersein. Wenn dieser Kult um den Opferstatus auf nationaler Ebene aufgeboten wurde, ging dies auch einher mit dem Vergessen von biografischen Details realer Holocaust-Opfer, bei denen es sich oftmals um weitgehend assimilierte Juden handelte, die im Vorkriegseuropa gelebt hatten. Der Holocaust, eine Katastrophe für die Assimilationisten, wurde benutzt, um das zionistische Streben nach einem unabhängigen Staat für Juden zu rechtfertigen. Das Scheitern des Assimilationismus trug zu einer ethnozentrischen Wahrnehmung von Nation und Geschichte in Israel bei.[44]

Der Singularitätsdiskurs über den Holocaust verstärkte den ethnozentrischen Nationalismus der rechtschaffenen Opfer, was beides gegen kritische Hinterfragung abschirmte. Für Ben-Gurion war der Holocaust »ein besonderes und beispielloses Kapitel«, ein »Verbrechen, das in der Geschichte beispiellos dasteht.« Die Universalisierung des Holocaust käme dem Versuch gleich, die Juden ihres »moralischen Kapitals« zu berauben. Als Israel für seinen Einmarsch in den Libanon im Juni 1982 international kritisiert wurde, erwiderte Menachem Begin darauf mit einer Bezugnahme auf den Holocaust-Diskurs: »Nach dem Holocaust habe die Weltgemeinschaft ihr Recht verwirkt, Israel für sein Handeln zur Rede zu stellen.«[45] Ohne jeden Zweifel steht der Holocaust in vieler und entscheidender Hinsicht für ein beispielloses und singuläres Ereignis, was jedoch nicht heißt, dass es sich nicht vergleichend untersuchen ließe.[46] Abgesehen von Ernst Noltes problematischer Nebeneinanderstellung von Nationalsozialismus und Stalinismus im Historikerstreit von 1986/87 spielt die kritische Relativierung des Holocaust durch den Verweis auf historische Parallelen zu kolonialen Genoziden eine ausschlaggebende Rolle für die Kosmopolitisierung des Holocaust im globalen Erinnerungsraum.

Der Opfernationalismus kann nicht ohne ihm entgegensetzte Kräfte bestehen. Ebenso wie das antagonistische Zusammenspiel von nationalistischen Kräften den Opfernationalismus in Ostasien nährte, hat der Antisemitismus den Opfernationalismus in Israel bestärkt. Anfang der Siebzigerjahre erklärte Golda Meir sinngemäß: »Zuviel Antisemitismus ist nicht gut, denn das führt zum Genozid; gar kein Antisemitismus ist auch nicht gut, denn dann gäbe es keine Einwanderung [nach Israel] mehr. Was wir brauchen, ist ein gemäßigter Antisemitismus.«[47] Dem unter Juden geläufigen Stereotyp, wonach »die Polen den Antisemitismus mit der Muttermilch aufgesogen« hätten, begegnet man in Polen mit dem Stereotyp der *Żydokomuna* (Judeokommunismus), das dem polnischen Antisemitismus als Rechtfertigung dient. Das polnische Selbstbild von einer »gekreuzigten Nation«, einem ewigen Opfer der Nachbarn im Osten und Westen, ist nicht damit zu vereinbaren, sich als Zuschauer, geschweige denn als Täter der Verbrechen zu verstehen. Die Brüder Laudański, an ihren jüdischen Nachbarn in Jedwabne schuldig geworden, konnten sich als Opfer bezeichnen, indem sie sich in den Nebel der kollektiven Erinnerung an die Opferschaft Polens hüllten.

Eine Anfang April 2001 durchgeführte Umfrage ergab, dass 48 Prozent der befragten polnischen Bürger nicht der Ansicht waren, dass die Polen sich gegenüber dem jüdischen Volk für das Pogrom von Jedwabne entschuldigen sollten. 30 Prozent befürworteten eine Entschuldigung. Rund 80 Prozent gaben an, keine moralische Verantwortung für das Pogrom in Jedwabne zu empfinden, lediglich 13 Prozent sahen das anders. 34 Prozent glaubten, dass ausschließlich die Deutschen für dieses Verbrechen verantwortlich seien, während 14 Prozent Deutsche und Polen gemeinsam und 7 Prozent ausschließlich Polen für verantwortlich hielten. Auch nach der Veröffentlichung des vom Instytut Pamięci Narodowej (IPN, Institut für Nationales Gedenken) vorgelegten Untersuchungsberichts, der Beweise für die polnische Beteiligung am Massaker von Jedwabne lieferte, blieb die öffentliche Meinung unverändert.[48] Jan Gross fasste die in Polen geführte Debatte über Jedwabne umsichtig zusammen: »eine Welle von nachdenklichen, suchenden Artikeln über die Notwendigkeit, die polnische Geschichte des 20. Jahrhunderts neu zu schreiben; über die Konfrontation mit den umfassenderen Folgen des Antisemitismus, die auch die Komplizenschaft bei den Nazi-Verbrechen an den jüdischen Nachbarn ermöglichten; über die Verantwortlichkeit für Vergehen, die sich in einer Gemeinschaft, die selbst zum Opfer von Unterdrückern aus dem Ausland wurde, nur schwer thematisieren lassen«.[49] Dennoch kommt man nicht umhin, unter den Polen Bestürzung darüber zu erkennen, sich nicht in der Rolle der Opfer, sondern in jener von Tätern wiederzufinden. Polen war in mancher Hinsicht das am schlimmsten von den Verheerungen des Zweiten Weltkriegs getroffene Land. Mehr als fünf Millionen Polen kamen ums Leben, darunter drei Millionen polnische Juden, was mehr als 20 Prozent der Gesamtbevölkerung entspricht. Am meisten litten die Eliten. Weniger als die Hälfte der Anwälte in Polen überlebte den Krieg. Das Land verlor 40 Prozent seiner Ärzte sowie ein Drittel der Universitätsprofessoren und römisch-katholischen Geistlichen.

In diesem Zusammenhang erklärte Rabbi Byron L. Sherwin: »Die Tendenz unter Juden, die Polen als Holocaust-Täter zu stereotypisieren, ist nicht nur verzerrend, sondern verschleiert auch das enorme Leid der Polen unter der Nazi-Besatzung.«[50] Es sei nichts dadurch gewonnen, wenn man die Tatsache relativiert, dass die überwältigende Verantwortung für den Genozid bei den Nazis liegt, indem man die sekundäre Verantwortung und Mittäterschaft der Polen hervorhebt. Die unter Juden verbreiteten Stereotype über einen polnischen Antisemitismus zu kritisieren sollte dabei jedoch nicht die Unschuldsobsession der Polen rechtfertigen und auch nicht jenen Opfernationalismus in Polen befördern, der Auschwitz primär als einen Ort des polnischen Martyriums darstellt. Der »Antisemitismus ohne Juden« im heutigen Polen sollte, auch wenn er keine dominante Rolle spielt, ebenfalls nicht ausgeblendet werden.[51] Die Kommunistische Partei teilte den von polnischen Nationalisten gehegten Traum einer ethnisch reinen Nation, und auch in der offiziellen Parteigeschichtsschreibung dominierte eine nationalistische Perspektive. In gewisser Weise verstärkte das sozialistische Ideal der ethischen und politischen Einheit der Gesellschaft eine primordialistische Auffassung der Nation, in der diese als organische Gemeinschaft und sogar als Familiengemeinschaft erscheint.[52] Dieses nationalistische Narrativ führte dazu, dass man sich in Polen an den Zweiten Weltkrieg als eine Angelegenheit zwischen Polen und Deutschen erinnert, bei der die Juden zur Randerscheinung werden.[53] In der Ära des Stalinismus unterdrückte und verdrängte man die Erinnerung an den Holocaust, denn sie passte nicht zu den sowjetischen Narrativen von der antifaschistischen Front der Arbeiterklasse und vom Großen Patriotischen Krieg.[54] Michael Steinlauf schreibt dazu: »Im grundlegenden kommunistischen Narrativ wurde der Holocaust zum Lehrbeispiel für die Gräuel eines im Endstadium befindlichen Monopolkapitalismus [...]. Man erklärte Auschwitz-Birkenau zur Gedenkstätte des Internationalismus und gedachte dem Widerstand und dem Martyrium von ›Polen und Angehörigen anderer Nationalitäten‹, die in alphabetischer Reihenfolge und somit ›demokratisch‹ aufgeführt wurden, sodass die Żydzi (Juden) zuletzt kamen.«[55]

Mit dem Aufstieg des nationalkommunistischen Lagers wurde der Genozid an den polnischen Juden in die ethnisch polnische Tragödie integriert. Die häufig getroffene historische Aussage, dass »sechs Millionen Polen während des Kriegs starben«, beförderte die Opferfantasie, nach der den Polen das meiste Leid widerfahren sei. Die Juden wurden in die polnische Nation nur einbezogen, wenn es darum ging, die Zahl der Opfer mit polnischer Staatsangehörigkeit zu bestimmen. Der Holocaust wurde auch schon als eine deutsch-jüdische Verschwörung gegen die Polen interpretiert, um das von Polen während des Kriegs erlittene Martyrium und Leid zu verharmlosen. 1967 lancierten die national-kommunistischen »Partisanen« unter der Leitung des Funktionärs und damaligen Innenministers Mieczysław Moczar einen Angriff auf die *Wielka Encyklopedia Powszechna* (Große Allgemeine Enzyklopädie) und kritisierten dabei, dass die zwei getrennten Einträge für *»obozy koncentracyjne«* (Konzentrationslager) und *»obozy zagłady«* (Vernichtungslager) das polnische Martyrium gegenüber dem Leid der Juden herunterspielen würden. Auf die Ausreise des jüdischen Redakteurs der Enzyklopädie ins schwedische Exil folgte 1968 eine antizionistische Kampagne. Die Partei fabrizierte eine öffentliche Erinnerung, in der die Polen zur Vernichtung verurteilt worden waren, während man die Juden ausklammerte. Der Aufstand im Warschauer Getto erschien damit als »eine spezifische Form des Widerstands der polnischen Untergrundkämpfer«.[56] Witold Kula, ein bekannter polnischer Wirtschaftshistoriker, bemerkte sarkastisch, dass man die Juden wegen der Krematorien beneide, in denen man sie verbrannt hatte.[57]

Jan Błońskis 1987 erschienener Essay »Biedny Polacy patrzą na getto« (Die armen Polen blicken aufs Getto) legte die verdrängte Erinnerung an den Holocaust in der öffentlichen Erinnerung wieder frei. Sein bahnbrechender Aufsatz setzte argumentativ nicht bei der Schuld für die Taten der Polen an, sondern bei der Schuld für ihre Tatenlosigkeit.[58] Die polnische Holocaust-Debatte verschob sich damit vom Rechtspositivismus in das Feld der ontologischen Ethik. Dabei zeigte sich auch die tiefe Traumatisierung jener Polen, die Schuld dafür empfanden, bei Gräueltaten passiv zugeschaut zu haben. Auf Błońskis Essay folgte die Veröffentlichung von Jan Gross' Buch *Sąsiedzi* (*Nachbarn*) über das Massaker von Jedwabne. Die Lehre aus diesem Verbrechen bestehe, wie Hanna Świda-Ziemba schreibt, in der Erkenntnis, dass »argloses Vorurteil und Verbrechen nur durch eine hauchdünne Eisschicht getrennt sind«.[59] Zwar würdigte Gross ohne Unterlass, wie offen sein Buch in Polen aufgenommen wurde, dennoch widerstrebte es vielen Polen, sich Schuld einzugestehen. So behauptete etwa Józef Glemp, der damalige Primas der katholischen

Kirche in Polen, das Buch sei eine Auftragsarbeit gewesen. Seiner Ansicht nach seien die Juden wegen »ihrer pro-bolschewistischen Haltung und seltsamen Volksbräuche« unbeliebt gewesen.[60] Der Bürgermeister von Jedwabne konnte die Bürger seiner Stadt nicht für den Vorschlag gewinnen, die örtliche Schule nach Antonina Wyrzykowska umzubenennen, die sieben jüdischen Menschen das Leben gerettet und sie vor dem Massaker bewahrt hatte. Stanisław Stefanek, der Bischof von Łomża, sprach von einer von Juden organisierten Kampagne, die den Polen Geld abnehmen soll.

Die exkulpatorische Erinnerung an die kollektive Opferrolle der Polen war unvereinbar mit der Verwandlung vom unschuldigen polnischen Opfer zum *Homo Jedwabneus*. Die Reaktion auf Gross' *Nachbarn* ähnelte auf unheimliche Weise der Rezeption von Watkins' Buch durch das koreanische Publikum. Paradoxerweise hatte Polen unter den Konsequenzen der Tatsache zu leiden, dass es dort während der NS-Besatzung keine kollaborationswillige Marionettenregierung wie etwa in Norwegen gegeben hatte. Wäre dem so gewesen, hätte man den Antisemitismus im Land einem kompromittierten Kollaborationismus zugeschrieben.[61] Doch in einem unbefleckten Polen gab es keinen Platz für eine Schuld am Holocaust, und so blieb der Antisemitismus auch in der Ära des Kommunismus weiterhin Teil des patriotischen Arsenals. Diese Verwicklungen wurzeln in einem von Adam Michnik beschriebenen »spezifisch polnischen Widerspruch«: Danach könne eine Person zugleich Antisemit, Held des Widerstands und Retter der Juden sein, da die nationalistische und antisemitische polnische Rechte nicht mit den Nazis kollaboriert hatte.[62] Als sich die Nachricht über das Pogrom von Kielce im Jahr 1946 verbreitete, waren polnische Arbeiter nicht bereit, die Täter öffentlich zu verurteilen, und lehnten eine Resolution gegen das Pogrom ab. Die Polnische Vereinigte Arbeiterpartei (Polska Zjednoczona Partia Robotnicza, PZPR) hatte einige Mühe damit, Propagandamaterial in Umlauf zu bringen, in welchem sie das Pogrom verurteilte. Da die Partei nicht mit den Ansichten der Arbeiter übereinstimmte, wurde sie von diesen zudem als ›jüdisch‹ wahrgenommen.[63]

Der Opfernationalismus zwingt den Prozess der Vergangenheitsaufarbeitung in die eindeutige Binarität von Tätern und Opfern. Die Wut einiger Polen auf Jan Błoński und Jan Gross erinnert an die Empörung des koreanisch-amerikanischen Publikums über Yoko Kawashima Watkins' *hikiage*-Erzählung. In den unmittelbaren Reaktionen auf Gross' Buch dominierten positivistisch formulierte Entgegnungen wie »ein Roman mit Fußnoten«, »mangelnde Objektivität«, »unbelegte Tatsachen«, »frei erfundene Lügen« und »offenkundige Fehlinterpretation«. Eine Kundenbewertung brachte Entsetzen darüber zum Ausdruck, dass man das Buch in die Sparte Sachbuch und nicht in die der Belletristik eingeordnet hatte.[64] Das Selbstbild Polens als »gekreuzigter Nation« und ewigem Opfer ihrer Nachbarn im Osten und Westen schließt die Möglichkeit aus, sich als Zuschauer von Verbrechen oder gar als Täter zu sehen. Indem sie Komplexität und Mehrdeutigkeit herausstellen, stören die hier genannten Autoren die bequeme dichotome Aufteilung in unschuldige Opfer und böswillige Täter. Das Aufbieten historischer Mythen und die Erfindung historischer Fantasiebilder spielen eine wesentliche Rolle bei der Erschaffung einer Nation, was auch erklärt, dass tiefergehende historische Untersuchungen oftmals am Prinzip Nation rütteln. Die Chimäre des »ererbten Opferstatus« auf den historischen Prüfstand zu stellen und die Mittäterschaft und Verwicklung der mit diesem Status versehenen Opfer im Holocaust zu untersuchen, war, ist und wird für manche auch weiterhin Blasphemie bleiben. Doch der Prozess der Europäisierung, der sich im postkommunistischen Polen vollzog, ging einher mit einer politischen und gleichermaßen kulturellen Transformation. Diese kulturelle Europäisierung bedeutete, die lokalen und nationalen Erinnerungskulturen Osteuropas in einem europäischen Erinnerungsraum zu verorten, dessen zentraler Bezugspunkt der Holocaust geworden ist.[65]

Exkulpatorische Opferschaft: Japan und Deutschland

Eine bittere Ironie im Kontext des Gedenkens an den Zweiten Weltkrieg im globalen Erinnerungsraum bestand darin, dass sich Täter nachträglich zu Opfern erklärten. 1950 berichtete Hannah Arendt von einer »Flut von Geschichten, wie die Deutschen gelitten hätten«, und von jener trügerischen gefühlsmäßigen Analogie, die den Krieg als »Vertreibung von Adam und Eva aus dem Paradies« erscheinen ließ.[66] Unter den sogenannten kleinen Leuten gab es zahlreiche Täter, die sich selbst als Opfer sahen und apologetisch erklärten, man hätte sie dazu gezwungen, Verbrechen zu begehen. In Anbetracht dessen, dass sich das NS-Regime auf ein erhebliches Ausmaß an Rückhalt in der breiten Bevölkerung, Selbstmobilisierung, Zustimmung von unten sowie plebiszitärer Akklamation verlassen konnte, ist es tatsächlich jedoch sehr wahrscheinlich, dass sich die vorgeblichen ›Opfer‹ selbst für die Komplizenschaft entschieden hatten. Die breite Masse an Tätern gab vor, zur falschen Zeit am falschen Ort gewesen zu sein. Andere behaupteten, nie einen Schuss abgegeben zu haben. Dies räumten manche wiederum zwar ein, machten dabei jedoch wenig überzeugend geltend, sie wären schuldlose Werkzeuge des fremden Willens einer überwältigenden Macht gewesen. Wie Adolf Eichmann behaupteten viele Schreibtischtäter mittleren Rangs, nie den Abzug einer Waffe betätigt, nie getötet, nie ein Opfer geohrfeigt zu haben und sogar nie jemals Antisemiten gewesen zu sein. In einer grotesken Verdrehung von Kants kategorischem Imperativ beteuerte Eichmann, als loyaler Beamter nicht Befehlen, sondern dem Gesetz gehorcht zu haben.

Was ist das Geheimnis dieser Alchemie, die alltägliche Täter zu Opfern werden lässt? Was hat diese mnemonische Zauberei ermöglicht? Wo sind all die Täter geblieben, wenn es ausschließlich Opfer gab? Ist eine solche Welt vorstellbar, in der es nur Opfer und keine Täter gibt? Wie lässt sich die Position eines Individualtäters innerhalb des (selbstbehaupteten *oder* von Dritten anerkannten) Kollektivs einer viktimisierten Nation, Klasse, eines Geschlechts oder einer rassifizierten Gruppe bestimmen? Oder umgekehrt gefragt: Anhand welcher Kriterien können wir ein individuelles Opfer innerhalb eines Täterkollektivs erkennen? Wer trägt Verantwortung für das, was geschehen ist? Ist es möglich, dass ein und dieselbe Person gleichzeitig Opfer und Täter ist? Wo verläuft die Trennlinie zwischen Opfer und Täter? Was, wenn diese Linie jedes einzelne Individuum durchzieht? Trägt dann nur die Täterseite des Individuums Verantwortung? Was ist mit der anderen, viktimisierten Hälfte in jedem Individuum? Wie können wir das Verhältnis zwischen Opfer und Täter innerhalb eines Individuums oder eines beliebigen Kollektivs bestimmen?

Das Klischee, wonach auch Täter unter dem Krieg leiden, bietet allenfalls eine Scheinantwort. Unmittelbar nach dem Zweiten Weltkrieg betrauerten Japan, Deutschland und Italien ihre Niederlage und ihr Leid, während die Opfer der von ihnen verübten Kriegsaggressionen, Massaker und Genozide ihre Befreiung und ihren Sieg feierten. Paradoxerweise war es für die Täter weit dringlicher, sich mit der Erfahrung auseinanderzusetzen, zum Opfer gemacht worden zu sein, da der daraus resultierende Status sie potenziell von ihren Verbrechen entlasten würde. So glaubte man etwa, dass das Leid und die erhebliche Anzahl in den sibirischen Gulags zu Tode gekommener japanischer Kriegsgefangener die japanischen Gräueltaten an westalliierten Kriegsgefangenen aufwiegen würden. Wenn man die Tötung deutscher Zivilisten durch die alliierten Bombardements und das Leid der aus den Ostgebieten vertriebenen Deutschen betonte, schien auch dies ein Versuch der Selbstexkulpation zu sein, um dem Eindruck deutscher Schuld entgegenzuwirken. Schuld und Opferstatus sind von Natur aus asymmetrisch. Der Opfernationalismus der Täter ist daher auf ausgeklügeltere und spitzfindigere Argumentationsmuster angewiesen. Wirkliche Opfer haben es nicht nötig, ihren Opferstatus in legitimatorischer Absicht nachzuweisen, indem sie sich, wie Eichmann es versuchte, auf Kants kategorischen Imperativ beziehen.[67] Der Opfernationalismus gelobt zu viel.

Japan konnte sich als *yuiitsu no hibakukoku* (»die einzige je mit Atombomben angegriffene Nation«) eine vorteilhafte Position im Wettbewerb der Opferschaft sichern. Aus dem Kontext der fünfzehnjährigen Geschichte des Japanisch-Chinesischen und des Asiatisch-Pazifischen Kriegs gelöst, steht die Formel *yuiitsu no hibakukoku* für die einseitige Behauptung, die Japaner seien die Opfer der Atombomben gewesen.[68] Vor allem nachdem die Sowjetunion erstmals Kernwaffen entwickelt hatte, beschrieben verschiedene amerikanische Autoren »Auschwitz und Hiroshima als schreckliche Zwillingssymbole des von Menschen verursachten Massentods«, womit sie den Opferstatus Japans zu bestätigen schienen.[69] Gleiches gilt für den indischen Richter Radhabinod Pal, der während der Tokioter Prozesse gegen politische und militärische Führer des Japanischen Kaiserreichs suggerierte, Amerikas Einsatz der Atombombe sei am ehesten mit den Kriegsgräueln der Nazis vergleichbar.[70] In der öffentlichen Erinnerung im Japan der Nachkriegszeit kursierte jedoch auch die Vorstellung der unschuldigen Japaner, die bereits vor dem Atombombenabwurf durch ihre eigene Militärführung viktimisiert worden wären. Die Brandbomben, die Hungersnot, die Rücksiedlung japanischer Zivilisten aus der Mandschurei und Korea sowie die Unterdrückung durch das Militär an der Heimatfront wurden allesamt herangezogen, um den japanischen Opferstatus zu untermauern. Der Geschichtsprofessor John W. Dower erklärte dazu: »Es wurde üblich, die Kriegstoten im eigentlichen Sinne – und tatsächlich fast alle gewöhnlichen Japaner – als Opfer und Geopferte zu bezeichnen.«[71]

Die öffentliche Kriegserinnerung, die gewöhnliche Japaner zu unschuldigen Opfern eines Systems mythisierte und nicht als an Kriegsgräueln beteiligte Komplizen erschienen ließ, entstand jedoch nicht nur aus sich selbst heraus. Diese moralisch bequeme Erzählung wurde auch von anderer Seite bestärkt. So ging etwa der Supreme Commander for the Allied Powers (SCAP, Oberkommandierender für die Alliierten Mächte) von der Annahme aus, das japanische Volk sei Sklave einer feudal geprägten Moral der Unterwürfigkeit gegenüber Autoritäten gewesen. In einem von der Abteilung für psychologische Kriegsführung beim US-Militär herausgegebenen Geheimbericht heißt es: »Die Japaner haben alles, was ihnen persönlich möglich war, zu den Kriegsanstrengungen beigetragen und ihre Pflichten gegenüber dem Kaiser erfüllt. Doch ihre Bemühungen waren allesamt vergeblich, weil sie von ihren Militärführern hintergangen worden sind. Man kann diesem Volk nicht die Schuld für sein Leid geben. [...] Die Militärkreise haben eine fehlgeleitete Indoktrination vornehmen lassen.«[72] Auf Grundlage dieser paternalistischen Sicht auf die japanische Bevölkerung nahm der SCAP gewöhnliche Japaner von der Schuld und Verantwortung für Kriegstaten aus. Der Preis für diese diskursive Amnestie war, dass man gewöhnlichen Japanern ihre Handlungsfähigkeit absprach. Sie wurden zu passiven Subjekten, die Autoritäten unweigerlich ergeben und damit auch unschuldig seien, was die verschiedenen, in ihrem Namen und mit ihrer Beteiligung verübten Nationalverbrechen betrifft. Für handlungsunfähig erklärte Opfer ließen sich nicht für den Missbrauch der Macht zur Rechenschaft ziehen. Sowohl links- als auch rechtsgerichtete Politiker eigneten sich die japanische Opferidentität an und nutzten sie für ihre Zwecke. Dies ermöglichte es ihnen, entweder den Sicherheitspakt zwischen den USA und Japan im Kalten Krieg anzuprangern oder sich vom Erbe des Militarismus und der Kriegsverantwortung loszusagen.[73]

Auch die vom SCAP durchgesetzte Bezeichnung »Pazifikkrieg« wurde bewusst verwendet, um Japan aus der Verantwortung für den Krieg gegen seine asiatischen Nachbarn zu entlassen. Mit diesem Begriff ersetzte der SCAP die Bezeichnung »Großostasiatischer Krieg«, die an die »Großostasiatische Wohlstandssphäre« geknüpft war, also an jenen Plan für einen japanisch geführten Block asiatischer Länder, der Japan im Rahmen seines totalen Kriegssystems als Rechtfertigung für die Invasion seiner asiatischen Nachbarn gedient hatte. Indem die neue Bezeichnung den Fokus auf die Konfrontation zwischen den USA und Japan verlagerte, spielte sie Japans Militäraggression gegen seine asiatischen Nachbarn herunter. In den Vordergrund rückten nun die japanischen Angriffe auf amerikanische oder europäische Streitkräfte, einschließlich der Misshandlungen von alliierten Kriegsgefangenen. Mit der Streichung Asiens aus dem Asiatisch-Pazifischen Krieg gerieten japanische Kriegsverbrechen in Vergessenheit: etwa die Experimente der Einheit 731 zur biologischen Kriegsführung, das Zwangsarbeitssystem in Asien, die Zwangsprostitution der ›Trostfrauen‹ und andere Menschenrechtsverletzungen. Diese Fokusverschiebung erklärt teilweise auch, warum »Japaner kein sonderlich ausgeprägtes Bewusstsein dafür haben, in China einmarschiert zu sein, und warum sie dazu tendieren, nur das eigene im Pazifikkrieg erlittene Leid herauszustellen«.[74] Das fehlende Bewusstsein eigener Kriegsschuld und die damit einhergehende Exkulpation der japanischen Bevölkerung haben fraglos dazu beigetragen, den Opfernationalismus im Japan der Nachkriegszeit zu stärken.

Vor allem der gegen den Einsatz von Atomwaffen gerichtete Pazifismus ermöglichte es, Japans Rolle als Kriegsopfer isoliert von den japanischen Kriegsgräueln zu betrachten. Durch Japans Exzeptionalismus als der »einzigen je mit Atombomben angegriffenen Nation« wurde die traumatische Tragödie von Hiroshima und Nagasaki aus ihrem historischen Kontext gelöst. Beide Städte erschienen als Inbegriff allen Schmerzes und allen Leids der japanischen Bevölkerung.

Der Angriff auf Hiroshima, der für das absolute Böse stand, wurde dabei häufig mit dem Holocaust verglichen. Ein beliebter Hiroshima-Roman stellte Japaner und Juden als archetypische Opfer des weißen Rassismus dar.[75] Dabei war die öffentliche Erinnerung an die Atombombenabwürfe von Hiroshima und Nagasaki durch die vom SCAP verhängte Zensur ursprünglich unterdrückt worden. Zu Anfang der Fünfzigerjahre betrachtete man die Angriffe daher noch als mehr oder weniger unerwartete Naturkatastrophen. Erst mit dem Vorfall um den in der Folge eines US-Kernwaffentests radioaktiv kontaminierten Fischkutter *Glücklicher Drache V* am 1. März 1954 entwickelte sich die mit den Atomangriffen verknüpfte Opferidentität unter dem Dach des Pazifismus zu einem Opfernationalismus. So »wurde Hiroshima zum Emblem für Japans Vergangenheit als unschuldigem Kriegsopfer und zum Wegweiser seiner Zukunft als pazifistischer Nation«.[76] Aus der pazifistischen Antikriegsbewegung entstand ein kollektives Gedächtnis, das einen fruchtbaren kulturellen Nährboden für das mit der Opferidentität verbundene Genre der *hikiage*-Erzählungen bot. Im Kontext des historisch strukturierten Zusammenspiels von antagonistischen Nationalismen in Ostasien sollte der Fokus auf dem Opferstatus, den Japan vor dem Hintergrund der Atombombenabwürfe beanspruchte, eine anstachelnde Wirkung auf den Opfernationalismus in Südkorea haben. Der »geschmacklose Wettbewerb darum, wem das meiste Leid widerfahren ist«, wurde damit auch in Ostasien unausweichlich.

Obwohl in Zusammenhang mit Japans Kriegsaggressionen Opfererinnerungen grundsätzlich in den Vordergrund traten, blieb selbst das Gedenken an die Opfer weit verbreiteter japanischer Gräueltaten vergleichsweise unbedeutend gegenüber der Erinnerung an das apokalyptische Inferno der atomaren Zerstörung. Vielsagend ist in dieser Hinsicht die Geschichte des Entwurfs für den Friedensgedenkpark von Hiroshima. Der 1949 im Rahmen einer öffentlichen Ausschreibung ausgewählte Entwurf sieht einen fast identischen Grundriss vor wie der 1942 vorgelegte Plan für ein Monument, das an den Aufbau der Großostasiatischen Wohlstandssphäre erinnern sollte. Der Entwurf für diese theatralisch gestaltete shintoistische Gedenkzone auf einer offenen Ebene am Fuß des Bergs Fuji stammt ebenso wie der Entwurf für den Friedenspark vom weltbekannten

Architekten Kenzō Tange. Die auffälligen Parallelen zwischen dem imperialen Denkmal und der Gedenkstätte in Hiroshima, die als Ort des Friedens und der Trauer um die Opfer des Atombombenangriffs konzipiert ist, sind ebenso beispielhaft wie bezeichnend für die exkulpatorische Erinnerung, die sich in Japan infolge der Verschiebung vom Täter- zum Opferstatus ausbildete.[77] Bezeichnend ist ferner, dass der Fotograf Yōsuke Yamahata, der mit der Aufnahme eines Kinds in den Trümmern von Nagasaki weltbekannt werden sollte, das japanische Militär während des »Fünfzehnjährigen Kriegs« in China begleitete und dabei viele Fotos von unschuldigen chinesischen Kindern aufnahm, die lächelnd neben japanischen Soldaten posierten.[78]

In den schmerzlichen Erinnerungen an die Nazi-Vergangenheit in Deutschland blieben gewöhnliche Deutsche entweder Hitlers erste oder letzte Opfer, wenn nicht gar beides zugleich. Nahm man die Position von »Hitlers erstem Opfer« ein, machte man sich angreifbar, da auch Österreicher um diese Rolle konkurrierten. Bei der Moskauer Konferenz der Außenminister der Alliierten Mächte im Jahr 1943 war der ›Anschluss‹ Österreichs im März 1938 als aufgezwungene Annexion bewertet und damit für »null und nichtig« erklärt worden. Den Alliierten zufolge war Österreich »das erste freie Land, das der Aggression Hitlers zum Opfer gefallen ist«. An der Moskauer Deklaration wird deutlich, wie die Alliierten es geschehen ließen, dass der Mythos vom Opferstatus Österreichs entstand. Ein kleiner Kreis österreichischer Exilanten war darauf bedacht gewesen, »Preußen« oder »Nazi-Preußen« die Schuld für den ›Anschluss‹ zuzuschieben, ungeachtet dessen, dass überwältigend viele Österreicher die Annexion und Einverleibung ihres Lands als ›Ostmark‹ unterstützt hatten. Zwar hatte die »wahnsinnige Begeisterung« und der »grenzenlose Volksjubel« über den ›Anschluss‹ mit der Zeit nachgelassen, insbesondere nach der Schlacht von Stalingrad 1942/43, doch für die Österreicher blieb das »emotionale Band der Loyalität gegenüber Hitler« unbeschädigt. Die Zahlen über die Beteiligung von Österreichern an Nazi-Verbrechen sind hier aufschlussreich. Während Österreicher nur 8 Prozent der Gesamtbevölkerung Großdeutschlands ausmachten, stellten sie 14 Prozent der SS-Mitglieder und 40 Prozent der Beteiligten bei Tötungseinsätzen, angefangen bei den Morden, die im Rahmen der Euthanasieprogramme an Menschen mit Behinderung verübt wurden, bis hin zu den Morden von Auschwitz.[79] Unter den Wiener Philharmonikern war der Anteil an NSDAP-Mitgliedern höher als unter den Berliner Philharmonikern.

In der Chimäre vom österreichischen Opferstatus spiegelt sich ein bestimmter historiosophischer Ansatz wider, dem sich auch die Alliierten verschrieben hatten. Der britische Premier Winston Churchill machte den Auftakt in dem Prozess, in dem die Österreicher zu Hitlers ersten Opfern stilisiert wurden. In einer Rede vom 18. Februar 1942 vor österreichischen Exilanten versprach er, Österreich vom »preußischen Joch« zu befreien. Für die Briten, deren Erinnerung an den Ersten Weltkrieg noch präsent war, blieb Preußen der Erzfeind. Churchill wünschte sogar, dass man die Süddeutschen schonender behandeln würde als die Preußen im Norden. Aus seiner Sicht galt es, der Nazi-Tyrannei wie auch dem preußischen Militarismus ein Ende zu bereiten. Churchills Vorstellung vom preußischen Feind hingen bis zu einem gewissen Grad auch die Russen in der Sowjetunion an. In der kommunistischen Anprangerung des NS-Regimes stellte das Junkertum ein zentrales Feindbild dar. Die kommunistische Geschichtsschreibung setzte die preußischen Junker mit den Nazis gleich, was im Einklang stand mit Lenins These vom »preußischen Weg«, den die Entwicklung zum Kapitalismus historisch genommen habe. Churchills Vorstellung vom »preußischen Joch« und jene Lenins vom »preußischen Weg« teilten implizit eine Sichtweise auf jene Besonderheiten der deutschen Geschichte, die schlussendlich den Sieg des Faschismus in Deutschland ermöglicht hätten. Die deutsche Geschichtsschreibung der Nachkriegszeit wies mit der These vom »Deutschen Sonderweg« in eine ähnliche Richtung. Man fasste die Spezifika der deutschen Geschichte mit dem Begriff »Preußischsein« zusammen, als eine Abweichung von einer vermeintlichen liberal-demokratischen Normalität; eine Abweichung, die für das Scheitern der Weimarer Republik und den Aufstieg des Nationalsozialismus verantwortlich gewesen sei.[80] Verbunden mit dieser Sichtweise ist auch die Unterscheidung zwischen böswilligen junkerpreußischen Nazis und guten, gewöhnlichen, nichtpreußischen Deutschen.

Paradoxerweise konnte die Fokussierung auf ein mit Preußen gleichgesetztes Deutschland dazu führen, dass gewöhnliche Deutsche in ähnlicher Weise von ihrer Schuld entlastet wurden wie gewöhnliche Japaner, die der amerikanische Orientalismus als Unterworfene der imperialen Macht und als Opfer der Militärführung gezeichnet hatte. So ergab sich ein historisches Szenario, in dem eine kleine Gruppe böswilliger junkerpreußischer Nazis, die die alleinige Verantwortung für den Krieg und den Holocaust trügen, die gewöhnlichen Deutschen zu Opfern gemacht hätten. Die Behauptung dieses Opferstatus prägte das Selbstbild Westdeutschlands in der Adenauer-Ära. Man untermauerte die nationale Opferrolle zusätzlich, indem man hervorhob, welches Unrecht der deutschen Bevölkerung von den internationalen Gegnern im Krieg zugefügt worden war. Zur langen Liste der deutschen Leiderfahrungen gehörten Bombardierungen durch die Alliierten, Vertreibungen in Ostpreußen und im Sudetenland, Vergewaltigungen deutscher Frauen durch Soldaten der Roten Armee, Plünderungen sowie Racheakte von Ostslawen.

Nicht weniger fragwürdig als die These von Hitlers ersten Opfern ist die von »Hitlers letzten Opfern«, für die etwa Oliver Hirschbiegels Film *Der Untergang* steht. In diesem zutiefst problematischen Film wird die Frage der »Täter- und Opferschaft innerhalb eines nationalen Kollektivs, zwischen bösen Nazis und guten Deutschen ausgetragen, sodass die Erinnerung an jüdisches Leid (nahezu) ausgeklammert wird.«[81] Nach dem Mauerfall konnten sich die Deutschen losgelöst von den ideologischen Schranken des Kalten Kriegs mit ihrer komplizierten Geschichte befassen, und so kam es zu einer neuartigen Betonung der an Deutschen begangenen Verbrechen, vor allem im Zuge der alliierten Bombenangriffe und der Vertreibungen aus den Ostgebieten. Günter Grass' Novelle *Im Krebsgang* (2002) bietet eine stärker nuancierte und differenzierte Betrachtung der Vielschichtigkeiten des Kriegs, die auf Abstand zur Selbstexkulpation geht. Grass erzählt darin vom tragischen Schicksal der rund 8 000 geflüchteten deutschen Zivilisten auf dem Schiff *Wilhelm Gustloff*, das bei einem sowjetischen Torpedoangriff versenkt wurde. Obwohl diese Tragödie im Fokus steht, bindet Grass seine Erzählung sorgfältig in einen historischen Kontext ein, indem er etwa darauf verweist, dass die Gustloff einst im Dienst der NS-Organisation »Kraft durch Freude« stand und dass der Namensgeber des Schiffs unter den Nazis Karriere gemacht hatte. Ebenso wird aufgegriffen, dass mit diesem Schiff jene Luftwaffeneinheit befördert worden war, die Guernica während des Spanischen Bürgerkriegs bombardiert hatte, dass die verunglückten Schiffspassagiere den höchsten Anteil von NS-Unterstützern unter all jenen Deutschen aufwiesen, die auf der Flucht im Osten ums Leben gekommen sind, und dass sich an Bord suspekte Passagiere befunden hatten, die keine Zivilisten waren.[82]

In seiner ausgewogenen Kontextualisierung der Tragödie um die *Wilhelm Gustloff* beschreibt Grass ausführlich das Leid vertriebener Deutscher, ohne dabei jedoch das Einverständnis, die Kollaboration und Komplizenschaft zwischen ostpreußischen Deutschen und den Nazis aus dem Blick zu verlieren. Insofern steht seine Novelle in deutlichem Kontrast zu der dekontextualisierten Geschichtsdarstellung in Yoko Kawashima Watkins' Erzählung, die sich ausschließlich auf das Leid japanischer Rücksiedler konzentrierte. Grass' Novelle ließ die Möglichkeit eines öffentlichen Dialogs über das deutsche Leid zu, der sich von der Dichotomie zwischen Opfern und Tätern, die zur Zeit des Kalten Krieg bestimmend war, freigemacht hat. Gleichzeitig bot Grass' Erzählung eine Kritik an der revisionistischen Geschichtsschreibung der Neunzigerjahre, die die deutsche Opferrolle unter Verweis auf die alliierten Bombenangriffe und Vertreibungen dekontextualisiert hatte. Seine Novelle widmet sich den Tausenden von deutschen Opfern auf der *Wilhelm Gustloff*, und zwar in Anbetracht ihrer Rolle als Mittäter und Kollaborateure der Nazis. Diese historische Gratwanderung, die bereits im titelgebenden Krebsgang anklingt, ist auch als Warnung vor den Gefahren zu verstehen, die mit einer vereinfachenden Dichotomie von Tätern und Opfern einhergehen, sowohl wenn diese auf einer abstrakten Ebene formuliert ist, als auch wenn sie in absolute Begriffe gefasst wird. Was aus dieser Gratwanderung nicht notwendig folgt, ist ein neuer Opferdiskurs.

Denkbar weit entfernt von Grass' behutsam vorgehender Kontextualisierung ist Jörg Friedrichs Darstellung der alliierten Bombenangriffe in seinem Buch *Der Brand* (2002). Darin vergleicht der Autor das Leid deutscher Zivilisten mit dem der europäischen Juden und relativiert den Holocaust durch sprachliche Assoziationen: »Friedrich bezeichnet die Bomber Group Nr. 5 als ›Einsatzgruppe‹ und die Keller und Bunker als ›Krematorien‹ und schreibt, die Opfer der Bombardierungen seien ›vernichtet‹ worden.«[83] Friedrichs Opfernarrativ scheint bewusst auf eine Dekontextualisierung abzuzielen. Denn bei einer historischen Kontextualisierung, wie sie etwa Grass in seiner Novelle vorführt, geht es nicht darum, die alliierten Bombardierungen als Bestrafung der historischen Täter zu rechtfertigen, sondern darum, ein Feld historischer Komplexität und Ambiguität zu erschließen, das die kategorische Dichotomie von Tätern und Opfern hinter sich lässt. Ahistorisch vorzugehen – sei es, indem man dekontextualisiert oder überkontextualisiert – öffnet einer politischen Instrumentalisierung hingegen Tür und Tor.

Sowohl in West- als auch in Ostdeutschland wurde jeweils selektiv eine Opferrolle konstruiert: In Westdeutschland betrauerte man kollektiv das Leid der aus Osteuropa Vertriebenen und der deutschen Kriegsgefangenen in der Sowjetunion. Deren persönliche und lokale Erinnerungen strukturierten das öffentliche Erinnern an die Grausamkeit des Kommunismus und den Verlust der deutschen Ostgebiete. Die von den Behörden im großen Stil angefertigten »Dokumentationen der Vertreibung« enthielten unzählige Schilderungen von Schreckenstaten, Vergewaltigungen, Plünderungen, Familientrennungen, Zwangsdeportationen, Hungertoten, Zwangsarbeit und Hinrichtungen. Robert Moeller erklärt dazu: »Die Herausgeber der Dokumentationsprojekte behaupteten, dass das Leid, das den Deutschen durch die Kommunisten widerfahren ist, in seiner Schrecklichkeit nur mit dem Leid der Juden unter den Nazis vergleichbar sei.«[84] Man knüpfte diskursiv an Goebbels' Versuche an, die Russen zu orientalisieren und als Horden von asiatischen Untermenschen erscheinen zu lassen. In Ostdeutschland war für die Vertreibung von Deutschen aus den kommunistischen Bruderländern im offiziellen Gedenken hingegen kein Platz. Die Vergewaltigung deutscher Frauen durch Soldaten der Roten Armee war ein Tabuthema. Anstatt Kritik an der heroischen Roten Armee zu üben, wurden die alliierten Bombenangriffe auf ostdeutsche Städte wie Dresden zum Bestandteil eines hinterhältigen Plans umgedeutet, der den Aufbau eines zukünftigen sozialistischen Staats in der DDR sabotieren sollte. Die DDR-Bürger seien demnach vor allem zu Opfern der verbrecherischen imperialistischen Bombardierungen durch die Alliierten geworden. Das Leid der Bombenopfer im DDR-Gebiet wurde dabei zuweilen auf eine Stufe mit dem Leid der Juden im Holocaust gestellt.[85]

Mit der deutschen Wiedervereinigung kam es auch zu Treffen deutscher Opfer, deren historische Erinnerungen sich in ihrer politischen Dimension unterschiedlich entwickelt hatten. Die Frage, wie man das wiedereinigte Deutschland und seine slawischen Nachbarländer hinsichtlich ihres Opferstatus vergleichen könnte, führte zu Spannungen. Die polemischen Gefechte der Vergangenheit spitzten sich weiter zu, als deutsche Vertriebenenverbände Entschädigungen einforderten. In der neuen Ära nach dem Kalten Krieg ersuchten die Vorsitzenden der Verbände die polnische Justiz um die Rückgabe jenes Eigentums, das vom kommunistischen Regime konfisziert worden war. Lautstark wurde gefordert, dass das freie Polen die repressive Politik des alten Regimes nicht fortsetzen solle.[86] Erika Steinbach, die Präsidentin des Bundes der Vertriebenen (BdV), vertrat eine aggressivere Position. Sie drängte die deutsche Regierung, die Aufhebung der Beneš-Dekrete zur Voraussetzung für den EU-Beitritt Tschechiens und Polens zu machen, und benutzte ungeniert Begriffe wie »Zwangsarbeit, Vernichtungslager und Genozid«, um die Internierungslager für deutsche Vertriebene im Gebiet des heutigen Tschechiens und Polens zu beschreiben. Steinbach bezeichnete das Schicksal der deutschen Vertriebenen, deren Leid sie mit dem der Juden im Holocaust gleichsetzte, als einen »Genozid an mehr als 15 Millionen Menschen«.[87] Anders gesagt seien die Polen und Tschechen, die die Vertriebenen zu Opfern gemacht hatten, kaum unterscheidbar von NS-Tätern während des Holocaust. In einem Interview mit der *Neuen Passauer Presse* im März 2007 verglich Steinbach die rechte polnische Regierung unter Jarosław Kaczyński wegen ihres Desinteresses an der Vertriebenenfrage sogar mit Neonazis in Deutschland.[88]

Nach Deutschlands Kriegsniederlage wurden deutsche Geflüchtete und Vertriebene zweifellos Opfer gewaltsamer Handlungen von Polen und Tschechen. Am 30. Juni 1945 erschossen Tschechen in der tschechischen Stadt Teplice (Wekelsdorf) 22 Sudetendeutsche und eine tschechische Frau. Im September 2002 schuf man in Łambinowice (Lamsdorf) einen Gedenkort auf den Gräbern von 1137 umgekommenen Deutschen, die meisten von ihnen Frauen, Kinder und

Ältere. Sie waren nach dem Krieg in einem mit sowjetischer Erlaubnis betriebenen polnischen Arbeitslager an Hunger und Erschöpfung gestorben. Am 31. Juli 1945 warfen tschechische Milizen und Zivilisten in Ústí nad Labem (Aussig) mehr als fünfzig Deutsche in einen Fluss und eröffneten das Feuer auf sie. Die Liste ließe sich noch lange fortsetzen. Ebenso stimmt jedoch, dass die deutschen Vertriebenen kaum unschuldig waren, was ihre Mitverantwortung für den Nationalsozialismus anbelangt. Die Sudetendeutschen unterstützten die Nazis energisch und votierten bei Kommunalwahlen im Mai 1938 mit einer überwältigenden Mehrheit von über 90 Prozent für die Sudetendeutsche Partei, die dem NS-Regime nahestand. Auch in Ostpreußen hatten sich die Nazis großer Beliebtheit erfreut. Die von Steinbach und anderen vorgenommene Dekontextualisierung des Opferstatus deutscher Vertriebener rief auf der Gegenseite wütende Reaktionen der Opfer der Nazis hervor. So antworteten Polen und Tschechen auf die Dekontextualisierung des deutschen Opferstatus mit einer Überkontextualisierung – ein offensichtlicher Versuch, Gewalthandlungen gegen deutsche Vertriebene zu rechtfertigen. Letztlich blieb also wieder nur jener Wettbewerb, bei dem es zu reklamieren gilt, welchen Opfern das meiste Leid widerfahren sei, und der durch das antagonistische Zusammenspiel der Opfernationalismen verschärft wird.

Auch im postfaschistischen Italien war die Opferidentität prägend für die kollektive Erinnerung an Faschismus und Krieg. Benedetto Croce stand für jene apologetische und exkulpatorische Erinnerung, die den Faschismus aus der italienischen Geschichte ausklammerte und als ein Phänomen darstellte, das der Geschichte des wahrhaftigen und authentischen Italiens fremd sei. Croce deutete den Faschismus als eine lediglich kurze Episode, die Italien von ausländischen Eindringlingen auferlegt worden war. Außerdem beschrieb er ihn als relativ harmlos verglichen mit dem Nationalsozialismus. Für die blanke Gewalt und die Gräueltäten seien fremde, der italienischen Nation nicht zugehörige Täter verantwortlich gewesen – deutsche Soldaten, Drogensüchtige, Homosexuelle und entlaufene Sadisten. Die Betonung der antifaschistischen Tradition im Land und die Überhöhung der Rolle des italienischen Widerstands in der Zeit von 1943 bis 1945 halfen dabei, Italien von seiner faschistischen

Vergangenheit abzutrennen, eine unterschwellige Unterscheidung zwischen ›guten Italienern‹ und ›bösen Faschisten‹ einzuführen und sich von der kollektiven Verantwortung und Schuld für die Gräuel des Faschismus distanzieren zu können. So reduzierte sich die faschistische Vergangenheit auf das kollektive Selbstbild einer viktimisierten Nation. Dass es in Italien keine Nürnberger Prozesse gab, verwundert daher nicht, denn der »Faschismus verschwand – für viele bequemerweise – in einem schwarzen Loch«.[89]

Mit den ihm eigenen Prozessen der Überkontextualisierung und der Dekontextualisierung erweist sich der Opfernationalismus als ahistorisch. Wenn der Mechanismus der Überkontextualisierung, der mit dem historischen Kontextualismus verbunden ist, zu historischer Gleichförmigkeit in Bezug auf alle möglichen Geschehnisse der Vergangenheit führt, dann mündet die Dekontextualisierung in eine ahistorische Rechtfertigung geschichtlicher Konsequenzen. Japanische Vertriebene wurden zu Opfern von Koreanern, und nach der Kriegsniederlage litten deutsche Vertriebene unter den Vergeltungsmaßnahmen von Polen und Tschechen. Doch japanische und deutsche Vertriebene waren schwerlich unschuldig an den Gräueln des Kolonialismus und Nationalsozialismus. Durch die einseitige Hervorhebung des Opferstatus wird das dekontextualisierende Moment, das im japanischen und deutschen Opfernationalismus wirksam ist, zum Auslöser wütender Reaktionen auf der jeweiligen Gegenseite, die vor und während des Kriegs viktimisiert wurde. Die deutsche und japanische Dekontextualisierung wird daraufhin mit einer Überkontextualisierung erwidert, die die von der Gegenseite verübte Gewalt gegen vertriebene japanische beziehungsweise deutsche Zivilisten zu rechtfertigen scheint. So bleibt am Ende nur der Kampf sich gegenüberstehender Opfernationalismen (ungleicher Opfer) um die Rolle des wahren Opfers.

Verantwortung: Von wem und für wen?

Kollektive Erinnerungen sind nichts Feststehendes. Sie werden fortwährend im Spannungsfeld zwischen vorhandenen historischen Aufzeichnungen und aktuellen gesellschaftlichen und politischen

Zielsetzungen ausgehandelt. Historische Verantwortung schwebt nicht frei im Raum. Für das englische Wort *responsibility* gibt es ein vielsagendes Synonym, nämlich *answerability* – die Fähigkeit, zu antworten. Sie klingt im deutschen Begriff *Verantwortung* an; Analoges gilt für andere Sprachen (*odpowiedzialność* oder *responsibilité*). In der Frage »Verantwortung für wen?« erscheint dieser Begriff plötzlich überaus bedeutungsgeladen. Denn Verantwortung setzt die Fähigkeit voraus, anderen zuzuhören. Wenn wir uns an Derridas Gedanken erinnern, wonach der Andere die eigene Gerechtigkeit darstelle, dann besteht ein wesentlicher Teil der eigenen ebenso wie der Gerechtigkeit des Nächsten darin, den Anderen zuzuhören. Die Stimme der Anderen ist sehr oft eine des Widerspruchs. Ihren schockierenden Aussagen, beunruhigenden Geschichten und Wehklagen zuzuhören ist nicht selten verstörend und schmerzhaft. Historische Verantwortung bedeutet, den weinenden, stöhnenden und wimmernden Anderen, die schließlich gewaltsam zu Tode gekommen sind, zuzuhören und ihnen zu antworten. Unter undemokratischen politischen Bedingungen geben Historiker leider oft vor, nichts zu hören. Dann sind es nicht die Historiker, sondern die Schamanen, die durch religiöse Rituale an die toten Seelen erinnern und so die Opfer heilen. Indem sie aufmerksam zuhören, haben sich die Schamanen auf der südkoreanischen Insel Jeju, die unter dem antikommunistischen politischen Genozid und der brutalen Unterdrückung des Gedenkens an die Opfer durch die autoritäre Diktatur zu leiden hatten, als wichtigere Erinnerungsaktivisten erwiesen als viele andere.

Niemand kann für das, was er nicht getan hat, beschuldigt oder verurteilt werden. Man kann nur für seine eigenen Taten verantwortlich sein. Oder anders gesagt, »nur der Mörder ist für den Mord verantwortlich«. Die Idee einer Kollektivschuld oder -unschuld kann uns nicht helfen, die komplexe und tragische Vergangenheit einer unheilvollen Moderne aufzuarbeiten. Sich auf eine kollektive Schuld oder Unschuld zu fokussieren bestärkt Menschen lediglich darin, die Wirklichkeit in jenen nationalen Kategorien wahrzunehmen, die der Rechtfertigung der eigenen Opfernationalismen dienen. Das von den Tätern eingeführte Prinzip der »reduktiven Selektivität« bleibt damit intakt, was einem postumen Sieg der Täter gleichkommt. Die

Idee der Kollektivschuld anzufechten heißt jedoch nicht, die Existenz eines »kulturellen Kollektivs« zu bestreiten, das aus dem Gefühl der Teilhabe an einer gemeinsamen Vergangenheit entsteht, die viele Generationen zurückreicht.[90] In Adam Michniks Bekenntnis kommt dieser Unterschied intuitiv zum Ausdruck: »Ich fühle mich nicht schuldig wegen der Ermordeten, doch ich fühle mich verantwortlich. […] Ich fühle mich schuldig dafür, dass man sie nach ihrem Tod noch einmal ermordete, dass man ihnen verweigerte, ein würdiges Begräbnis zu erhalten und beweint zu werden, dass man die Wahrheit über dieses abscheuliche Verbrechen verleugnet und jahrzehntelang eine Lüge wiederholt hat.«[91]

Wenn Verantwortung heißt, den schmerzerfüllten Stimmen der Anderen antworten zu können, dann geht historische Verantwortung einher mit der Verantwortung für die gegenwärtige Erinnerung an die Vergangenheit. Wir als Historiker tragen Verantwortung für die exkulpatorische Erinnerung, auf die der Opfernationalismus hinausläuft. Der unter Nationalhistorikern verbreitete Hang dazu – oder gar Wunsch danach –, ihrer Nation einen ererbten Opferstatus oder eine Opferaura zuzuschreiben, zeugt von historischer und historiografischer Verantwortungslosigkeit, denn er ermöglicht den postumen Sieg der Täter in Form des Opfernationalismus. Für Historiker lautet die Aufgabe daher, den Opfernationalismus ins Visier zu nehmen. Dies wäre der erste Schritt in Richtung eines veränderten Erinnerungsregimes, das in der Lage ist, eine Erinnerungssolidarität über nationale Grenzen hinweg zu fördern. Denn Erinnerungskollektive sind fortwährend im Werden begriffen, und wir alle tragen unseren Teil zu ihnen bei.

Postkoloniale Reflexionen über das mnemonische Zusammentreffen von Holocaust, stalinistischen Verbrechen und Kolonialismus

Am Taupunkt des Erinnerns im Zeichen des Kalten Kriegs

Der Fall des Kommunismus führte im Zusammenspiel der globalen Erinnerungsformation und lokaler Erinnerungssensibilitäten in den Neunzigerjahren zunehmend zu Komplikationen. Mit dem Tauen des Kalten Kriegs setzte eine Lawine lokaler Erinnerungen an den stalinistischen Terror ein, die an die Stelle der offiziellen Erinnerungskulturen der kommunistischen Regime in Osteuropa traten. Als die unterdrückten Erinnerungen an den stalinistischen Terror und die Kollaboration mit den Nazis in Osteuropa zurückkehrten, kam es zu einer osteuropäischen Neuauflage des Historikerstreits. Der Zusammenbruch des Kommunismus ließ ebenfalls den Eisschild schmelzen, der sich über die Erinnerung an die Gräueltaten westlicher Kolonialmächte in Asien, Afrika und Lateinamerika gelegt hatte. Nachdem das propagandistische Gebot, die westliche Zivilisation gegen den sowjetischen Kommunismus zu verteidigen, seine historische Kraft verloren hatte, konnte der Westen die Erinnerung an koloniale Genozide und Gräuel nicht länger beiseiteschieben. Der Wegfall der ideologischen Schranken des Kalten Kriegs machte in der Folgezeit den Weg dafür frei, dass sich die Erinnerungen an die dreifache Opfererfahrung – als Opfer des Holocaust, der Kolonialgenozide und der stalinistischen Verbrechen – global miteinander verflochten. Dabei bedeutet diese neuartige Erinnerungslandschaft viel mehr, als dass sich darin lediglich ein größeres Spektrum verdrängter Erinnerungen zeigen würde.[1]

Im Zuge der globalen Verflechtung der dreifachen Opferschaft verstärkte sich das Ringen darum, internationale Anerkennung für nationales Leid zu finden, der Begriff der historischen Authentizität wurde zusehends umkämpft. Das mnemonische Zusammentreffen der dreifachen Opfererfahrung ist ein strukturgebendes Moment der globalen Erinnerungsformation in der Zeit nach dem Kalten Krieg. Diese ständig im Werden begriffene Erinnerungsformation oszilliert dabei zwischen einer globalen Schablone der Opferwerdung und lokalen Sensibilitäten. Ich beziehe mich hier also nicht auf einen globalen Erinnerungsraum, der als Tatsache oder Zustand zu verstehen wäre, und will auch nicht den simplen Nachweis führen, dass getrennte Erinnerungen in einem solchen Raum schlicht versammelt oder vergleichend nebeneinandergestellt würden. Ich verwende den Begriff der *Formation* eher im Sinne eines Prozesses als einer Struktur und möchte hier aufzeigen, dass die Untersuchung der verflochtenen Trias der Opferschaft ein neues Licht auf die Dynamiken dieses Prozesses im 21. Jahrhundert zu werfen vermag. Um diesen Prozess als einen des Werdens deutlich zu machen, nutze ich den Ausdruck *globale Erinnerungsformation* und grenze ihn von der statischen Vorstellung eines »globalen Erinnerungsraums« ab. In diesem Essay betrachte ich die globale Erinnerungsformation nach 1989 aus postkolonialer Perspektive, um auf diese Weise zu untersuchen, wie sich Erinnerungen an Opferschaft global miteinander verwoben haben. Gegenüber dem flachen Modell einer Kosmopolitisierung des Holocaust plädiere ich für die nicht-hierarchische Vergleichbarkeit historischer Traumata. Abschließend skizziere ich die »kritische Relativierung« und »radikale Nebeneinanderstellung« als konzeptuelle Werkzeuge, die dazu beitragen können, universelle Erinnerungen zu dehegemonisieren und zu dezentrieren sowie den Erinnerungsnationalismus zu dekonstruieren.

Kosmopolitisierung, Vulgarisierung und Nationalisierung

Eines der auffälligsten Merkmale der globalen Erinnerungsformation in der Nachkriegszeit ist die Art und Weise, wie der Holocaust auf der ganzen Welt zu einem generischen Erinnerungsmuster für Genozide und menschliche Traumata wurde.[2] Angesichts seines absoluten Schreckens ist es nahezu unmöglich, ohne Bezug auf den Holocaust über das Böse und die Frage der Opferschaft zu diskutieren oder nachzudenken. Der Holocaust dient als Vorlage für das Gedenken an die amerikanische Sklaverei, den Genozid an den indigenen Nationen in der Neuen Welt, die unzähligen kolonialen Gräuel im Globalen Süden, die Opfer der Atombombenabwürfe auf Japan, das Massaker von Nanjing, die amerikanischen Kriegsverbrechen in Vietnam und das Schicksal der koreanischen ›Trostfrauen‹. In Mittel- und Osteuropa diente der Holocaust als Bezugspunkt für die schmerzhaften Erinnerungen an die alliierten Bombenangriffe und die Vertriebenen in Deutschland, die Massentötungen und die Internierung von Slawen in »Deutschlands Wildem Osten« (Kristin Leigh Kopp), den Holodomor in der Ukraine und sämtliche anderen stalinistischen Verbrechen, die in ehemaligen kommunistischen Ländern verübt worden sind. Selbst nationalistische polnische Historiker berufen sich auf den »vergessenen Holocaust« und »Polens Holocaust«, um die Opferrolle ihres Lands zur Zeit des Zweiten Weltkrieg zu betonen und um die Polen als jenes Volk darzustellen, das als Erstes Erfahrung mit dem Holocaust gemacht hätte.[3] Angeblich seien »die Polen von den Deutschen noch schlimmer behandelt worden als die Juden«. Zudem wären sie, insbesondere von 1939 bis 1941, »sogar noch häufiger als Juden von Verhaftungen sowie Deportationen betroffen gewesen und seien in größerer Zahl gestorben«.[4] Paradoxerweise dient die Holocaust-Erinnerung hierbei als rhetorisches Mittel, um den polnischen Opfernationalismus zu rechtfertigen und um den Holocaust zu marginalisieren und somit eine Hierarchie zwischen den Opfergruppen herzustellen. Die nationalistische Aneignung des Holocaust ist jedoch keine polnische Besonderheit, sondern ein weitverbreitetes Phänomen der globalen Erinnerungsformation.

Im Prozess der globalen Erinnerungsformation werden oft viele lokale Erinnerungen in Bezug zum Holocaust gesetzt, wobei dieser als mnemonischer Prüfstein für die »absolute Bedeutung« des Bösen dient. Der Holocaust wird dadurch zu einer Metonymie für jegliches Verbrechen gegen die Menschlichkeit. Diese globalisierte Version des Holocaust stellt implizit dessen Einzigartigkeit infrage.[5] Während sich der Holocaust zur ethischen Schablone entwickelte, um im globalen Erinnerungsraum über Genozide und andere Verbrechen nachzudenken, wurde er demnach nicht mehr als ausschließlich jüdische Erfahrung betrachtet. Dieser globalisierte Holocaust hat dabei nicht nur eine ethische, politische und rhetorische, sondern auch eine ästhetische Dimension. Künstler setzen auf zunehmend transgressive Strategien, um starke emotionale Reaktionen auf den Holocaust und seine globalen Analogiebildungen hervorzurufen. Doch führte seine Omnipräsenz im globalen Erinnerungsraum zu »einer scheinbaren Holocaust-Müdigkeit«. Wenn lokale Erinnerungsaktivisten sich den Holocaust aneignen, um ihn auf unterschiedliche historische Ereignisse zu projizieren, werden dabei zwangsläufig historische Spezifika banalisiert, damit der Vergleich jeweils passt. Die Kosmopolitisierung des Holocaust wurde häufig nur durch anachronistische und oberflächliche Vergleiche möglich. Eine mechanistisch verstandene symmetrische Reziprozität in der Erinnerungsformation kann dabei »eine allzu vereinfachte Sicht der Welt« vermitteln.[6] Im absurden Extremfall wurde gar die »Entjudaisierung des Holocaust« notwendig, um die Erinnerung an den Holocaust weltweit lebendig zu halten.[7] Der Schritt von der Kosmopolitisierung zur Vulgarisierung der Holocaust-Erinnerung ist deutlich kürzer, als man sich hätte vorstellen können.

Die Allgegenwart des Holocaust als Erinnerungsvorlage besteht jedoch nicht nur auf synchroner, sondern auch auf diachroner Ebene. Giorgio Agamben spürt in *Homo sacer* einer Holocaust-Figur im antiken Römischen Reich nach.[8] Die religiösen Vorstellungswelten des mittelalterlichen Fundamentalismus, in denen sich das göttliche Heil mit Massenmorden verknüpfte, werden heute als Vorwegnahme eines künftigen Holocaust betrachtet. Einige Kirchenhistoriker haben die Plünderung Jerusalems und das Massaker an seinen Einwohnern durch die ersten Kreuzzügler im Jahr 1099 sowie den Albigenserkreuzzug gegen die Katharer von 1209 bis 1229 als Holocaust bezeichnet. Ein aktivistischer amerikanischer Kämpfer für indigene Rechte verglich Christoph Kolumbus mit Heinrich Himmler. Außer Aktivisten äußerten sich auch Akademiker ähnlich zur (Nicht-) Vergleichbarkeit europäischer Kolonialgenozide an indigenen Völkern, zur amerikanischen Sklaverei und zum Holocaust.[9] Raphael Lemkin, der Initiator der UN-Völkermordkonvention, legte nahe, den Holocaust mit der Verfolgung der Katharer, der japanischen Katholiken unter dem Tokugawa-Shogunat, der Muslime im mittelalterlichen Spanien und der Herero in Deutsch-Südwestafrika zu vergleichen.[10]

Wenn der Holocaust mit anderen Verbrechen vergleichbar gemacht werden soll, gibt dies häufig Anlass, ihn zu dekontextualisieren oder, noch schlimmer, in ahistorischer Weise politisch zu instrumentalisieren. In Japan ziehen Rechtsnationalisten oft grobschlächtige Vergleiche zwischen den Opfern des Holocaust und denen der Atombombenabwürfe. Als man die Opfer des Holocaust und die des stalinistischen Terrors auf eine Stufe stellte, entsprechend der Devise »keine Hierarchie unter Opfern«, führte das nicht zur Stärkung einer Erinnerungssolidarität in Mittel- und Osteuropa, sondern entfachte einen Wettstreit darüber, »wem das meiste Leid widerfahren ist«. Indem man die dem Holocaust zum Opfer gefallenen Kinder auf die »Gestohlenen Generationen« in Australien projizierte oder man in Japan, Ostasien und im Südafrika der Apartheid-Ära sehr eigenwillig Bezug auf Anne Frank nahm, wurde die Holocaust-Erinnerung im postkolonialen Kontext übermäßig synchronisiert und instrumentalisiert. Geschmacklos ist es, Israels Armee mit der Wehrmacht zu vergleichen, wie es etwa in einer »antizionistischen« Propagandaveröffentlichung der Polnischen Vereinigten Arbeiterpartei (PZPR) aus dem Jahr 1968 geschehen ist. Die Kommunisten setzten damit ein Vorhaben ins Werk, das schon Vorkriegsgenerationen polnisch-nationalistischer Antisemiten anvisiert hatten.[11] Die Kosmopolitisierung und die Vulgarisierung der Holocaust-Erinnerung sind zwei Seiten derselben Medaille und bilden eine duale Komponente innerhalb der globalen Erinnerungsformation.

Gleichwohl bestätigt die politische Instrumentalisierung und Indigenisierung des Holocaust-Gedenkens nicht unbedingt Alon Confinos Urteil, dass die globale Erinnerung an den Holocaust »unpräzise«, »inakkurat« und »irreführend« sei, da sie außerhalb von Europa, Israel und den USA »keine wirkliche Resonanz« fände.[12] Tatsächlich ist es eben diese Resonanz, die im globalen Erinnerungsraum für Unruhe sorgt, wenn etwa Benjamin Netanjahu den Holocaust als Legitimation dafür nutzt, die Palästinenser zu unterdrücken und ihre Grundrechte im Namen von Holocaust-Überlebenden zu beschneiden. Auch in Israel wurde die Holocaust-Erinnerung instrumentalisiert, vulgarisiert und missbraucht.[13] Israelische Politiker benutzten das mit dem Holocaust verbundene moralische Kapital, um in Israel einen ethnozentrischen Nationalismus der rechtschaffenen Opfer zu untermauern.[14] Der Holocaust wurde ebenfalls heraufbeschworen, um in den USA eine dezidiert antikommunistische liberale Demokratie und in Großbritannien die multikulturelle Integration zu legitimieren. Abtreibungsgegner bezeichneten legale Abtreibungen als »amerikanischen Holocaust«, während schwule Aktivisten die Öffentlichkeit vor einem AIDS-Holocaust warnten und Tierrechtsaktivisten den Slogan »Buchenwald für Tiere« prägten. In ihren Anzeigen wies die Waffenorganisation NRA (National Rifle Association) plakativ darauf hin, dass der Aufstand im Warschauer Getto mit nur zehn Pistolen begonnen habe.[15] Die Vulgarisierung des Holocaust gipfelte schließlich in der Anmerkung des früheren US-Wohnungsbauministers Ben Carson, dass »der Holocaust nicht passiert wäre, hätten die Juden Schusswaffen gehabt«.[16]

Die Beobachtung von Daniel Levy und Natan Sznaider, dass die Übertragung der Holocaust-Erinnerung auf andere Diskurse des Erinnerns an Genozide und Gräueltaten »das Diktum *Nie wieder Auschwitz* als Grundlage für neu entstehende kosmopolitische Erinnerungen bereitstellte«, ist zutreffend und unzutreffend zugleich.[17] In den zwei Jahrzehnten seit Erscheinen ihres Essays ist deutlich geworden, dass der Holocaust-Diskurs zunehmend als Erinnerungshebel eingesetzt wird, um das kollektive Gedächtnis zu reterritorialisieren und zu nationalisieren.[18] Die Kosmopolitisierung des Holocaust führte durch verkürzte Vergleiche und vulgarisierende Darstellungen zu einer Reterritorialisierung oder Renationalisierung der globalen Erinnerungsformation. Diese Reterritorialisierung der globalen Erinnerungsformation verläuft parallel zum historischen Revisionismus, dem Nationalgedenken und einem internationalen Opferwettbewerb. Häufig förderte das transkulturelle Erinnern an den Holocaust eher eine »Katastrophisierung in der Politik« als ein universelles Menschenrechtsregime. Man hat den Holocaust ins Feld geführt, um Genoziden vorzugreifen; der Holocaust diente dabei als Rechtfertigung für »das terroristische politische Handeln, das über Präventivangriffe und vorbeugende Selbstverteidigung der befürchteten Vernichtung zuvorkommen« sollte.[19] Weltweit wurde die Holocaust-Erinnerung als wundersamer Querverweis heraufbeschworen, um »unseren eigenen« Opfernationalismus unter Beweis zu stellen und ihm zu universeller Geltung zu verhelfen.

Die Performativität des Holocaust-Diskurses bereitete unter anderem den Weg dafür, dass serbische Nationalisten eine Ähnlichkeit zwischen serbischem und jüdischem Leid behaupten konnten. Dabei versuchten sie sogar, die Kollaborateure unter den serbischen Tschetniks zu rehabilitieren, indem sie sich auf ein verbindendes Band der Leidenserinnerung beriefen.[20] Im postkommunistischen Osteuropa eigneten sich Politiker die mit dem Holocaust verknüpften Erinnerungen, Symbole und Bilder an, um den Opferstatus ihrer jeweiligen Nation unter dem Stalinismus zu betonen. Die Verbrechen der Kommunisten wurden dabei auf dieselbe Ebene gestellt wie der Holocaust, während der kommunistische Einsatz im Kampf gegen den Faschismus delegitimiert wurde.[21] Auf diese Weise bahnte man einen wiederauflebenden Nationalismus an, dessen extremer Flügel sich bis zu Nazi-Kollaborateuren zurückverfolgen lässt. Eine ausdrückliche Holocaust-Leugnung findet dabei zwar nicht statt, dennoch wird diese de facto wirksam, nämlich in der Nationalisierung der Holocaust-Erinnerung, die von der Lokalpolitik in den ostkommunistischen Regimes Osteuropas betrieben wird. Das Paradoxon, dass die Nationalisierung der Holocaust-Erinnerung im Bereich der Lokalpolitik die historische Normalisierung des Faschismus befördert, indem der kommunistische Antifaschismus delegitimiert wird, verdeutlicht die komplexe Thematik des Holocaust-Gedenkens im globalen Erinnerungsraum.[22]

Warschau, Auschwitz und Schwarzes Amerika

Inmitten der Migrationskrise, die Europa im September 2015 aufrüttelte, trugen polnische Historiker einen erbitterten polemischen Streit darüber aus, wie die Gleichgültigkeit oder gar Abneigung zu erklären sei, mit der man in Osteuropa den zumeist aus Syrien geflüchteten Muslimen begegnete. Laut *Gazeta Wyborcza* war der Streit von Jan Gross losgetreten worden. Dieser hatte in einem

Beitrag für *Die Welt* behauptet, die Feindseligkeit gegenüber muslimischen Geflüchteten in osteuropäischen Ländern, einschließlich Polen, rühre daher, dass es dort nicht gelungen sei, die Vergangenheit des Holocaust aufzuarbeiten. Gross argumentierte, dass eine selbstreflexive Kritik an der osteuropäischen Mittäterschaft bei der Ermordung von Juden durch die Nazis zu mehr Empathie für fremde Geflüchtete hätte führen können. Zudem brachte er vor, dass die Polen während des Krieges mehr Juden als Deutsche getötet hätten, womit er den Mythos einer vereinten polnischen Widerstandsbewegung unter deutscher Besatzung infrage stellte.[23] Gross setzte mit dem Artikel seine Bemühungen fort, die polnische Mittäterschaft im Holocaust zu belegen. Seine These, wonach die Verfehlungen der heutigen Politik die Folge einer gescheiterten Erinnerungspraxis seien, bedarf jedoch einer genaueren Überprüfung. Vor allem im Baltikum und in Polen gilt der Holocaust schon lange als nebensächlich gegenüber dem nationalen Leid unter der stalinistischen Unterdrückung. Bestenfalls verortete man den Holocaust in einem symmetrischen politischen Feld, dessen Pole die Nazi-Besatzung und die stalinistische Unterdrückung darstellten.[24] Paradoxerweise war es ein weitverbreiteter rassistischer Witz – »wir sind bereit, Flüchtlinge aufzunehmen, weil wir hier schon immer Konzentrationslager hatten« –, der Gross' Verweis auf die diskursive Verbindung von Antisemitismus und Islamophobie im heutigen Polen noch plausibler erschienen ließ.[25]

Auf Widerspruch stießen Gross' Thesen unter anderem bei den polnischen Historikern Marcin Zaremba und Aleksander Smolar. In einem Artikel in der *Gazeta Wyborcza* argumentierten sie, dass Polen und andere osteuropäische Länder keine koloniale Vergangenheit hätten und dass die Polen daher nie Gelegenheit gehabt hätten, das Zusammenleben mit Kolonisierten zu erlernen, die in Hinblick auf Kultur, Religion und Race anders geprägt sind als sie selbst.[26] Zaremba und Smolar forderten, die westeuropäischen Länder, einschließlich Deutschland, sollten sich einladender gegenüber den muslimischen Geflüchteten zeigen. Westeuropa sei mit ihnen als koloniale Subjekte vertraut. Der Vorwurf, der darin anklang, lautete: »Ihr tragt die Schuld für den Kolonialismus, wir jedoch sind unschuldig, also sind die Flüchtlinge allein euer Problem.« Ein oberflächlicher Blick auf die Geschichte der Aufteilungen Polens durch Russland, Österreich und Preußen, auf den tragischen Kurs des polnischen Irredentismus und das Leid der polnischen Nation insgesamt könnte die Vorstellung, dass Polen in der Kolonialismusfrage unschuldig sei, durchaus nachvollziehbar erscheinen lassen. Doch zur selben Zeit, als deutsche Siedler Polen kolonisierten, haben seine litauischen und ukrainischen Nachbarn Polen sehr wohl als Kolonisator betrachtet. Obwohl es gegenüber Deutschland und dem ›Westen‹ in einer subalternen Position war, war Polen zugleich ein imperiales Gebilde, dessen lokale Akteure umfassend in eine globale Herrschaftsstruktur eingebunden waren.[27] Die polnische (Selbst-)Orientalisierung als »vernachlässigte Vorstadt Europas« wurde auf die ostslawischen Nachbarn Ukraine, Litauen, Belarus und selbst auf Russland übertragen.[28] Der polnische Orientalismus gegenüber seinen östlichen Peripherien (*Kresy*) und die deutsche Ostforschung gegenüber Polen teilten dabei dieselbe Narrativstruktur der eurozentrischen Hierarchisierung von Geschichten.

Aus postkolonialer Perspektive war Polen in Sachen interner Kolonialismus und kolonialer Praxis kein unbeschriebenes Blatt. Die Zweite Polnische Republik in der Zwischenkriegszeit war ein multiethnischer Staat, in dem ethnische Polen lediglich 68,9 Prozent der Bevölkerung ausmachten. Hinzu kamen Ukrainer (13,9 Prozent), Juden (8,7 Prozent), Belarussen (3,1 Prozent), Deutsche (2,3 Prozent) und andere. Für polnische Nationalisten war es bedauernswert, dass die Zweite Republik »kein Nationalstaat, sondern ein Staat der Nationalitäten« blieb.[29] Das Sanacja-Regime reagierte 1934 auf die Forderungen, die verschiedene ethnische Minderheiten geltend machten, mit der Errichtung des Internierungslagers von Bereza Kartuska. Der gegen nationale Minderheiten gerichtete interne Kolonialismus, der Halb-Orientalismus gegenüber der *Kresy* sowie der Antisemitismus, der sich im Stereotyp der *Żydokomuna* (Judeokommunismus) mit einer Spielart des Antibolschewismus verknüpfte, übten sich in rhetorischer Komplizenschaft mit der antislawischen und antisemitischen Kolonialpropaganda der Nazis. Der polnische Nationalismus bildete keine Ausnahme von jenem »ambivalenten Hybrid« aus Begehren und Ressentiment, der für den subalternen Imperialismus bezeichnend ist. Polens uneindeutiger Status als subalternes Imperium diente Wladimir Putin als Vorwand für seinen antipolnischen Kriegsrevisionismus, der im Vorfeld des im Januar 2020 begangenen 75. Jahrestages der Befreiung von Auschwitz seinen Höhepunkt erreichte. Am 1. September 2019 twitterte das russische Außenministerium, dass dem deutsch-sowjetischen Nichtangriffspakt von 1939 der deutsch-polnische Nichtangriffspakt von 1934 vorangegangen sei. Der Putin'sche antipolnische Revisionismus spielte den Handschlag zwischen Stalin und Hitler herunter und ließ auf diese Weise die ersten beiden Kriegsjahre zwischen 1939 und 1941 aus dem Blick geraten.[30]

Polen mangelte es nicht an Kolonialerfahrung an sich, ihm fehlte vielmehr ein kritisches Bewusstsein für seinen internen Kolonialismus. In der kommunistischen Ära strömten Hunderttausende vietnamesische Vertragsarbeiter nach Ostdeutschland, Polen, in die Tschechoslowakei und die baltischen Sowjetrepubliken. Im Rahmen dieser »globalen sozialistischen Ökumene« kam es zu einem transnationalen Austausch von Ideen, Wissen und kulturellen Artefakten und zu einer grenzüberschreitenden Migrationsbewegung beträchtlichen Ausmaßes. Diese sozialistische Ökumene endete jedoch nicht mit dem Zusammenbruch des kommunistischen Blocks. Seit 1996 hat Polens Regierung mehr als 100 000 tschetschenische Geflüchtete und Exilanten aufgenommen, was die Annahme entkräftet, dass Islamophobie ein Kennzeichen des postkommunistischen Polens sei. Die große Zahl tschetschenischer Geflüchteter in Polen ist beeindruckend, selbst wenn die polnische Offenheit eher aus Russophobie als aus humanitärer Sorge um den islamischen Anderen motiviert ist. Im Laufe der Migrationskrise von 2015 veränderte sich die Einstellung der Polen zu tschetschenischen Einwanderern allerdings dramatisch.[31] Die Erfahrung, Seite an Seite mit dem »Anderen« gelebt zu haben, hatte nicht ausgereicht, um Empathie und Respekt für unterschiedliche Kulturen, Religionen und Lebensstile entstehen zu lassen. Gross' kritische These, dass die gegen muslimische Geflüchtete gerichteten Anfeindungen in Polen auf die gescheiterte Aufarbeitung der Holocaust-Vergangenheit zurückgingen, ist einleuchtend, sofern man anerkennt, dass es dabei im Grunde nicht um eine empiriebezogene, sondern um eine epistemologische Debatte geht.

Doch auch das ist nur ein Teil der Erklärung. Die unverhohlene Gleichgültigkeit, die selbst kritische Intellektuelle gegenüber muslimischen Geflüchteten an den Tag legten, rührt gleichermaßen von der Abwesenheit postkolonialer Selbstkritik im postkommunistischen Polen.[32] Vielmehr konkurriert die Vorstellung einer kollektiven Schuld angesichts des Antisemitismus mit der Annahme einer kolonialen Unschuld darum, sich als Erzählvorlage des »kollektiven Gedächtnisses« zu etablieren. Im polnischen Historikerstreit hatte das Gedenken an die koloniale Viktimisierung unter dem Nazismus und Stalinismus als Deckerinnerung gedient, um die Erinnerung an die polnische Rolle im Holocaust sowie die Reue darüber zu unterdrücken. Der hitzige »*Historikerstreit po polsku*« (Historikerstreit auf Polnisch) mit Protagonisten wie Jan Błoński und Jan Gross löste im postkommunistischen Polen »eine wahrhaftige moralische Revolution« aus, welche die verdrängte Schuld ans Tageslicht förderte und das polnische Selbstverständnis eines unschuldigen Opfers in das des *Homo Jedwabneus* wandelte, sie brachte jedoch keine postkolonialen Kritikansätze hervor.

Die diskursive Verbindung zwischen dem deutschen kolonialen Völkermord, der nationalsozialistischen Besatzungspolitik im Osten und dem Holocaust kann im breiteren Kontext des Eurokolonialismus erklärt werden, wobei auch historische Unterschiede bestehen.[33] Der »Generalplan Ost« sah vor, dass die SS für die Bewirtschaftung von Latifundien »eingeborene« slawische Arbeitskräfte ausbeuten sollte, bis die deutsche Siedlerbevölkerung zahlreich genug wäre und man einen Mechanisierungsgrad erreichte hätte, der die slawischen Arbeiter entbehrlich werden ließe. Die deutschen Siedler würden als Pioniere im Osten ein »koloniales Werk« vollbringen, wie das auch schon unter der Sonne Afrikas geschehen sei.[34] »Unser Missisippi [sic] müsse die Wolga werden«, erklärte man in Nazi-Kreisen. Ebenso sollten »die Slawen für die Deutschen das Äquivalent zu den unterworfenen, eingeborenen Völkern des Britischen Empire in Indien und Afrika bilden«. »Es fängt eben in Polen schon Asien an«, hieß es, während man die Slawen als »weiße Nigger« bezeichnete.[35] Der Nazismus war ein innereuropäischer Kolonialismus und die Besatzung Polens durch die Nazis ein koloniales Projekt – die Verwirklichung einer Vision, die den westlichen Kolonialismus auf unheimliche

Weise nachahmte, »indem sie Europäer wie Afrikaner behandelte und somit den Imperialismus gleichsam auf den Kopf stellte«.[36] Der Antisemitismus und der antislawische Rassismus der Nazis mussten sich in extremer Form artikulieren, um eine ausschließlich weiße Angelegenheit in das Schwarz-Weiß-Schema einer rassistischen Vorstellungswelt zu pressen. Die Nähe zum Kolonialismus ließ die Bemühungen der Nazis um rassistische Einhegung noch ausgeprägter werden, denn die Trennlinien zwischen Deutschen und Polen waren unscharf.[37]

Das Unbehagen über das Fehlen offensichtlicher äußerlicher Merkmale, die als Unterscheidungskriterien hätten dienen können, lässt an jene Furcht denken, mit der die englischen Kolonisatoren den kolonisierten Iren gegenübertraten. Einige Nazis erklärten die Polen für primitiv, weil sie durch das Judentum beeinflusst seien, und verknüpften ihren Antisemitismus mit dem Projekt einer deutschen Mission, die Polen zu zivilisieren. Vielen Europäern widerstrebt es zutiefst, den Nazismus und den Holocaust im Kontext eines globalen Kolonialismus zu verorten. Der Eurozentrismus verlangt es, den Holocaust von anderen Genoziden klar abzugrenzen, »weil er im Herzen des zivilisierten Europa begangen wurde und nicht in (vermeintlich) primitiven oder barbarischen Gesellschaften«.[38] Dies erinnert an Zygmunt Baumans mahnenden Hinweis, wonach ein genozidales Verbrechen wie der Holocaust das logische Resultat der westlichen Moderne sei und nicht das einer vormodernen Barbarei.[39] Für eurozentrische Intellektuelle ergibt sich daraus ein Dilemma, das Aimé Césaire treffend zusammenfasste, als er schrieb, dass jeder europäische Bourgeois »einen Hitler in sich trägt [...] und dass im Grunde das, was er Hitler nicht verzeiht, nicht das *Verbrechen* an sich, das *Verbrechen gegen den Menschen* ist, nicht *die Erniedrigung des Menschen an sich*, sondern das Verbrechen gegen den *weißen* Menschen, die Erniedrigung des *weißen* Menschen und dass er, Hitler, kolonialistische Methoden auf Europa angewendet hat, denen bislang nur die Araber Algeriens, die Kulis Indiens und die Neger Afrikas ausgesetzt waren.«[40]

Die polnische Übersetzung von Césaires *Über den Kolonialismus* wurde in der sozialistischen Volksrepublik Polen bereits 1950 veröffentlicht, was als Kritik sowohl an der Besatzung Polens durch die

Nazis als auch am westlichen Imperialismus in Asien und Afrika gedacht war. Für den kommunistischen Postkolonialismus im Nachkriegspolen gab es eine Parallele zwischen dem nazibesetzten slawischen Osten des »Dritten Europas« und den postkolonialen Staaten der »Dritten Welt«, die von liberalen Historikern in der postkommunistischen Ära nicht gesehen wurde.[41] Deren Geisteshaltung war vielmehr von den Ängsten der polnischen Intelligenzija des 19. Jahrhunderts geprägt und manifestierte sich in einer ambivalenten Einstellung, die von Neid, Bewunderung und Misstrauen gegenüber Westeuropa zeugte. Polens dreigeteilte Identität als frühere Kolonie, einstiger Kolonisator und Subjekt der westlichen Hegemonialmächte verweist jedoch nicht nur auf ein ambivalentes Verhältnis zum Kolonialismus, sondern auch auf weitere Aspekte. So hat etwa István Deák, ein angesehener amerikanisch-ungarischer Historiker, auf Ähnlichkeiten zwischen dem Massaker von Jedwabne und dem Massaker an Schwarzen in Tulsa im US-Staat Oklahoma im Mai 1921 hingewiesen. Dass solche Zusammenhänge in Polen bislang unberücksichtigt geblieben sind, macht das Fehlen einer postkolonialen Perspektive unter polnischen Historikern umso bedauerlicher.[42]

Aus einer solchen kritischen Perspektive auf den Holocaust wird nachvollziehbar, dass afroamerikanische Intellektuelle Parallelen zwischen Nazi-Tätern und weißen amerikanischen Rassisten und Nationalisten erkannten.[43] In den Erinnerungen des Afroamerikaners W. E. B. Du Bois an seine Galizien-Reise am Ende des 19. Jahrhunderts kam es zu einem Vorfall, bei dem Antisemitismus und Rassismus aufeinandertrafen. Als ihn ein Pferdekutscher in einer galizischen Kleinstadt fragte, ob er »Unter den Juden«, einem jüdischen Hotel, anhalten wolle, wurde Du Bois einer weiteren Facette des Rassismusproblems gewahr. Für den Kutscher gab es keinen Unterschied zwischen dem Afroamerikaner und einem Juden. Du Bois zeigte sich überrascht, dass polnische Dozenten und Studierende in Krakau kaum ein Bewusstsein von ihrem eigenen Antisemitismus hatten. Er beobachtete, wie die Identitäten von galizischen Juden und Afroamerikanern zu Ende des 19. Jahrhunderts fortwährend ineinandergriffen. Seine Erfahrungen in Deutschland, Galizien und Polen brachten ihn schließlich zu der Erkenntnis, dass sich Rassismus nicht auf Vorurteile beschränkt, die sich auf die Hautfarbe beziehen.[44] Allerdings war er nicht der Erste, dem die transatlantischen Verflechtungen zwischen Juden und Afrikanern ins Auge sprangen. Die Gemeinschaften von Versklavten, die im Kontext des Schwarzen Atlantiks entstanden, bezogen Stärke und Hoffnung daraus, die afrikanische Diaspora vor der Folie des von Moses angeführten Exodus aus Ägypten zu betrachten. Diese Analogie eröffnete dem Leid der afrikanischen Diaspora eine Perspektive auf Erlösung.[45]

Ein weiteres anschauliches Beispiel für diese Verflechtungen ist *Di Shklaferay* (1868), die jiddische Version von *Onkel Toms Hütte.* Eisik Meir Dick übertrug die Handlung von Harriet Beecher Stowes Roman in einen jüdischen Kontext und schrieb die Figur des Herrn zu einem Juden um, der der Titelfigur Tom zur Flucht nach Kanada verhilft. *Di Shklaferay* erfreute sich sehr großer Beliebtheit bei Juden, die Ende des 19. Jahrhunderts nach Amerika auswanderten. Die in New York gegründete Tageszeitung *Forverts*, die älteste jiddische Tageszeitung in den USA, verglich 1897 das Schicksal der befreiten amerikanischen Sklaven mit dem Exodus der Juden aus Ägypten. Im Jahr 1927 riet die Zeitung den amerikanischen Juden dringend an, sich die Verfilmung von *Onkel Toms Hütte* anzusehen. Radikale Juden schickten außerdem ihre Kinder in Sommerferiencamps, in denen es keine Rassentrennung gab. Dieser Geist der Solidarität zwischen Afroamerikanern und Juden lebte weiter fort, als liberale und radikale Juden in der Schwarzen Bürgerrechtsbewegung NAACP (National Association for the Advancement of Colored People) aktiv wurden. Louis Harap, der Redaktionsleiter der Zeitschrift *Jewish Life*, lud Du Bois zu einer Gedenkveranstaltung ein, die am 16. April 1952 anlässlich des neunten Jahrestags des Aufstands im Warschauer Getto stattfand. Harap bat Du Bois um einen Redebeitrag zum Thema »die heutige Bedeutung des Aufstands für die amerikanischen Schwarzen im Hinblick auf die Kooperation mit deren Verbündeten, der jüdischen Bevölkerung und dem gemeinen amerikanischen Volk«.[46] In seinem Vortrag, der später in *Jewish Life* abgedruckt wurde, beschreibt Du Bois, wie er 1949 die Ruinen des Warschauer Gettos besuchte und sich dabei an die »Schreie und Schüsse während eines Aufstands von Schwarzen in Atlanta und an einen Aufmarsch des Ku-Klux-Klans« erinnerte. Du Bois erkannte, dass »eine bessere Einsicht in die Probleme, denen die Juden weltweit begegnen«, ihm dabei helfen könnte, »die Lage der Schwarzen umfassender zu verstehen«.[47]

Zuvor hatte bereits das New-Negro-Movement (bzw. Harlem-Renaissance) Kenntnis davon genommen, dass Japan sich bei der Pariser Friedenskonferenz von 1919 aufgrund der Rassendiskriminierung gegen die USA gestellt hatte. Sein Eintreten für ›Rassengleichheit‹ ließ Japan als Kämpfer gegen und Opfer von Rassismus erscheinen und führte zur Entstehung einer Ikonografie, in der die Japaner als die New Negroes der Pazifikregion gezeichnet wurden. Afroamerikanische Aktivisten hegten die Erwartung, sich »mithilfe Japans, das den Schwarzen zur Seite steht«, im Kampf gegen die Weißen behaupten zu können. Die panafrikanische Organisation UNIA (Universal Negro Improvement Association) unter Führung des gebürtigen Jamaikaners Marcus Garvey lud zu ihren Versammlungen japanische Redner ein, um der Idee eines ›Rassenkriegs‹ Nachdruck zu verleihen. Die unnachgiebige Kritik der Afroamerikaner an der weißen Vorherrschaft wurde durch die imaginierte Solidarität mit den Völkern Asiens noch bestärkt.[48] Du Bois, der für das mnemonische Band zwischen Schwarzen und Juden eine so wichtige Rolle spielte, erhoffte sich, dass ein Bündnis zwischen Schwarzen und Asiaten sich im bevorstehenden Krieg gegen die weiße Vorherrschaft bezahlt machen würde.[49] Diese Verbindungslinien deuten auf das Erkenntnispotenzial, das die weitere Erforschung der mnemonischen Bezüge zwischen Asien, Osteuropa, dem Holocaust und dem Schwarzen Amerika erschließen kann. Die meisten afroamerikanischen Aktivisten, einschließlich Du Bois, äußerten sich dabei nur selten kritisch zu Japans Rolle als einem »nicht-weißen Imperium«. Wie Etsuko Taketani nachgezeichnet hat, behauptete ein Schwarzer Autor im Jahr 1932, dass die Japaner »der ›weißen Vorherrschaft‹ in der Mandschurei den Garaus gemacht« hätten. In einem im *Afro-American* erschienenen Essay hieß es: »Japans kleine farbige Knechte nehmen sich die Waffen, mit denen der Westen die Welt ausbeutet, und schlagen den Westen im eigenen Spiel.«[50] C. L. R. James blieb mit seiner Kritik am japanischen Imperialismus eine Ausnahme unter den Aktivisten, die einem schwarz-asiatischen Bündnis das Wort redeten.

Auch in Südafrika unter der Apartheid gab es ähnliche Verbindungen zwischen Schwarzen und Juden. Viele bekannte Anti-Apartheid-Aktivisten schätzten *Das Tagebuch der Anne Frank*, im berüchtigten Apartheid-Gefängnis auf Robben Island wurden handgeschriebene Kopien des Buchs herumgereicht. In einer seiner öffentlichen Reden als Präsident des demokratischen Südafrika erinnerte sich Nelson Mandela, wie das Buch seine Zuversicht gestützt und seine Überzeugung bestärkt hatte, dass sich der Kampf für Freiheit und Gerechtigkeit nicht unterdrücken lässt. Anti-Apartheid-Aktivisten zogen Vergleiche zu Nazi-Deutschland, um internationale Unterstützung für ihre Bewegung in der wichtigsten moralischen Schlacht der Nachkriegszeit zu mobilisieren.[51] Die Ausstellung mit dem Titel »Nazisme in Zuid-Afrika«, die gemeinsam von der niederländisch-südafrikanischen Studierendengruppe Pluto und der Anti-Apartheid-Bewegung Niederlande (AABN) organisiert und Anfang der Siebzigerjahre im Anne-Frank-Haus in Amsterdam gezeigt wurde, führte postkoloniale Erinnerung und Holocaust-Gedenken ebenfalls zusammen. Neben einem Banner mit der Aufschrift »Nazism=Apartheid« erblickten Besucher dort auch eine lebensgroße Pappmaché-Figur, die den südafrikanischen Premierminister Balthazar Johannes »B. J.« Vorster mit einem Hakenkreuz in der Hand zeigte.[52]

Aus Sicht von Afrodeutschen besteht eine bruchlose Verbindung zwischen der Behandlung von Schwarzen unter den Nazis und der kolonialen und frühen postkolonialen Geschichte Deutschlands. Die kolonialen Migranten der ersten Generation traten in Deutschland als Darsteller in den Kulissen-Dörfern der Völkerschauen auf, deren Ideologie später von den Nazis in rassistische Praxis umgesetzt wurde. Wie Eve Rosenhaft argumentierte, ist es interessant – und vielleicht auch naheliegend –, dass Schwarze Autoren und Filmschaffende, die außerhalb der USA und vor allem in Europa leben, sich häufiger als Afroamerikaner oder weiße Europäer der Aufgaben annehmen, ihre Geschichte zum Holocaust in Bezug zu setzen und die dadurch gewonnenen Einsichten für biografisch angereicherte Reflexionen über Race und Identität fruchtbar zu machen.[53] Der britische Soziologe Paul Gilroy bemühte sich in seinen Büchern *The Black Atlantic* (1993) und *Between Camps* (2000) darum, die

Geschichte des Dialogs zwischen Schwarzen und Juden zu rekonstruieren. An der Schnittstelle transatlantischer Erinnerungsdiskurse ist die postkoloniale Kritik von zentraler Bedeutung.

Nagasaki, Hiroshima und Auschwitz

Takeshi Nakatani war »[g]elähmt von der bedrückenden Aura des Todes«, als er 1987 erstmals Auschwitz besuchte. Inzwischen leitet er Führungen im Staatlichen Museum Auschwitz-Birkenau. Seit er 1997 die strenge Aufnahmeprüfung abgelegt hat, arbeitet er dort und hofft, dass seine Führungen japanischen Besuchern helfen werden, »das Leid der Opfer sowie die Bedeutung und Fragilität des Friedens« zu verstehen. Er verknüpft die Themen des Museums jedoch nicht mit »der Beziehung zwischen Japan, China und der koreanischen Halbinsel«.[54] Anders nimmt dies Yumie Hirano wahr, die als »Gedächtnishüterin« für den Friedenspark von Hiroshima arbeitet. 2012 rief die Stadt Hiroshima eine Initiative ins Leben, in deren Rahmen gewöhnliche Bürger die Geschichten von Atombomben-Überlebenden und deren Wunsch nach Frieden weitervermitteln. Hirano war schon in Peru, in der Mongolei und in Island, um dort Berichte von Überlebenden wiederzugeben. In einem Interview vor ihrer Reise nach Polen im Jahr 2015 erklärte sie: »Viele Juden wurden aufgrund rassistischer Diskriminierung getötet, und in Hiroshima wurden viele unschuldige Zivilisten getötet. Ich möchte einen Eindruck davon geben, wie man sich in Kriegszeiten an den Menschenrechten vergeht.«[55]

Diese zwei japanischen Kustoden der Erinnerung vertreten unterschiedliche, sich beinahe diametral gegenüberstehende Ansätze zur Frage der Verflechtungen des Erinnerns und der historischen Vergleichbarkeit von Auschwitz und Hiroshima. Während der Museumsführer in Auschwitz auf der Inkommensurabilität des Holocaust beharrt, hält die Gedächtnishüterin von Hiroshima den Vergleich für sinnvoll. Dies könnte sich teilweise mit der unterschiedlichen Schulung erklären lassen, die in Polen beziehungsweise Israel und in Japan dieser Tätigkeit jeweils vorausgeht. Als offizieller Museumsführer in Auschwitz repräsentiert Takeshi Nakatani den offiziellen Erinnerungsdiskurs in Polen beziehungsweise Israel, wogegen

Yumie Hirano als ehrenamtliche Gedächtnishüterin von Hiroshima den dominanten Diskurs über die Atombombenopfer in Japan vermittelt. Schon dieser markante Unterschied deutet an, dass die Verbindung zwischen Auschwitz und Hiroshima viele Dimensionen hat.

Bereits 1945, im »Jahr Null«, stellte man in Japan die Atombombe in einen Zusammenhang mit dem Holocaust, und zwar erstmals am 23. November 1945 in Nagasaki. Bei einer Gedenkmesse für die katholischen Opfer des Atombombenabwurfs hielt Takashi Nagai, ein Mitglied der örtlichen Kirchengemeinde, eine Trauerrede vor 600 katholischen Überlebenden. Diese hielten bei der Messe 8 000 kleine weiße Kreuze, die symbolisch für die Zahl der katholischen Atombombenopfer standen. In seiner Rede, die alle Anwesenden zu bitteren Tränen rührte, sagte Nagai: »Die Atombombe hatte eigentlich die Präfekturämter im Zentrum Nagasakis als Ziel. Doch aufgrund der Wetterlage wurde das Flugzeug vom Wind in Richtung Norden nach Urakami getragen, weshalb die Bombe dort über der Kathedrale detonierte. […] wir wollen glauben, dass die Urakami-Kathedrale nicht als Opfer gewählt wurde, sondern als reines Lamm, das auf dem Opferaltar geschlachtet und verbrannt wurde, um für die Sünden zu sühnen, die die Menschheit im Zweiten Weltkrieg begangen hat.«[56] Der Erlösungsdiskurs, der in der afrikanischen Diaspora in Analogie zum jüdischen Exodus geführt wurde, taucht im Nagasaki der Nachkriegszeit abermals auf.

Nagai setzte seine Trauerrede mit den Worten fort: »Wir wollen glauben, dass nur das Opfer von Urakami den Krieg zu einem Ende bringen konnte; mit dieser Opfergabe wurden Abermillionen Seelen gerettet, die andernfalls den Verheerungen des Krieges zum Opfer gefallen wären.« Nagai benutzte anschließend den Begriff *hansai* (燔祭), die japanische Übersetzung des Wortes »Holocaust« (bzw. »Brandopfer«), das in Kapitel 22 im 1. Buch Mose (in der Geschichte der Beinahe-Opferung Isaaks durch seinen Vater Abraham) verwendet wird, um damit das erhabene, welterlösende Leiden der *hibakusha*, der japanischen Atombombenopfer, zu bezeichnen. »Wie anmutig und prachtvoll war doch jener Holocaust vom 9. August, als die Flammen, die aus der Kathedrale emporstiegen, die Finsternis des Krieges verbannten und das Licht des Friedens brachten!«[57] Nagais Trauerrede ist eines der frühesten aufgezeichneten Beispiele für die Verwendung des Begriffs »Holocaust« im Kontext des globalen Erinnerungsraums der Nachkriegszeit. Bis in die späten Fünfzigerjahre war dieser Begriff nicht sehr verbreitet, nicht einmal in Israel oder im ›Westen‹. Zuvor benutzte man ihn selten und eher beiläufig, so etwa der Arzt David Wilsey in einem Brief, den er am 23. März 1945 an seine Frau schrieb, oder ein Oberrabbiner nach der Reichspogromnacht 1938 in einem Telegramm aus Palästina, in dem er von »Holocaust-Synagogen in Deutschland« sprach. In vereinzelten Fällen bezog man sich auf einen »Nazi-Holocaust«, einen »europäischen Holocaust« und »Hitlers Holocaust«, doch das Wort stand damals noch nicht für »den Holocaust« schlechthin.[58] Bezeichnend für Nagais Verwendung von *hansai* beziehungsweise Holocaust ist die Überhöhung des Todes Unschuldiger zu einem Opfer für die Menschheit.

Zwar benutzte Nagai das Wort nicht unmittelbar in Bezug auf Auschwitz, doch er verwendete einen fluiden Begriff, der die Verknüpfung von Auschwitz und Hiroshima nahelegte. Aufgrund seiner biblischen Provenienz ermöglichte der Begriff *hansai* beziehungsweise Holocaust die nationalistisch akzentuierte Bedeutungsverschiebung von Verunglückten (*higaisha*) zu Opfern (*giseisha*). Der Tod erschien somit als ein heiliges Opfer, das Sühne leistet für die Sünden der Menschheit und zur Erlösung der Welt beiträgt. Durch diese biblische Transfiguration des Opfers wird die Person, die Unterdrückung, Leid und Schmerz erlitten hat, zum unsterblichen Wesen, das für etwas Heiliges geopfert wurde. Politische Religion entsteht dann, wenn weltlichen Kategorien wie Nation, Staat, Klasse, Geschichte oder ›Rasse‹ ein heiliger Status beigemessen wird. Eine zivile oder politische Religion bindet das Individuum durch ethische und soziale Gebote an ein sakralisiertes säkulares Gebilde.[59] Wenn eine politische Religion die Nation erst einmal in eine göttliche Wesenheit transformiert hat, beschwört dies den latenten »Opfernationalismus« herauf, der in den unterdrückten Erinnerungen der Opfer angelegt ist.[60] Takashi Nagais These vom »Holocaust der Urakami-Kathedrale« versah den japanischen Opfernationalismus mit psychologischem Gehalt.

Später wurden Auschwitz und Hiroshima häufig als Zwillingssymbole von Massensterben und als archetypische Beispiele für weißen Rassismus angeführt.[61] Die japanische Presse trug mit ihrer aufmerksamen Berichterstattung über den Eichmann-Prozess dazu bei, dass sich zwischen Hiroshima, Nagasaki und Auschwitz ein mnemonisches Band herausbildete. Die japanische Dichterin und Friedensaktivistin Sadako Kurihara zog einen prägnanten Vergleich zwischen Auschwitz und den Atombombenabwürfen: »Von den beiden großen Holocausts der Geschichte war Auschwitz eine große Gräueltat, die von den Feinden der siegreichen Alliierten verübt wurde; Hiroshima/Nagasaki war eine große Gräueltat, die von den Alliierten verübt wurde.« Kurihara insinuierte, dass Hiroshima schlimmer als Auschwitz gewesen sei, da die Überlebenden der Atombombe unter den langfristigen Folgen der Strahlung leiden mussten, während Auschwitz ein Ende gesetzt worden sei.[62] Trotz gelegentlicher Skandale um die Themen Antisemitismus und Holocaust-Leugnung blieb die Analogie zwischen Auschwitz und Hiroshima in der japanischen Erinnerungslandschaft stets fest verankert.[63]

Ran Zwigenberg sah in dem Hiroshima-Auschwitz-Friedensmarsch von 1962/63 einen Vorläufer des kosmopolitischen Erinnerns. Im März 1962 brachen vier japanische Erinnerungs- und Anti-Atomwaffen-Aktivisten von Hiroshima nach Auschwitz auf, um dort am 27. Januar 1963 an der Gedenkfeier anlässlich der 18. Jahrestags der Befreiung des Lagers teilzunehmen. Der buddhistische Mönch und japanische Kriegsveteran Satō Kyōtsū führte die monatelange Friedenswallfahrt von Hiroshima nach Auschwitz an. Die Absicht dahinter war es, »das Band zwischen diesen zwei Orten des äußersten Leids und der Tragödie während des Zweiten Weltkriegs zu stärken«. Bei Zwischenstationen in Vietnam, Singapur, Israel, Griechenland, Jugoslawien und Ungarn besuchten die Marschteilnehmer Stätten, die zum Gedenken an den Zweiten Weltkrieg errichtet worden waren. Die wohl erste Gedenkpilgerfahrt mit globaler Reichweite erstreckte sich über große Teile des euro-asiatischen Erinnerungsraums, gestaltete sich zugleich jedoch als Hindernisparcours.[64] Die ideologisch in den Kalten Krieg eingebundenen Behörden in Japan weigerten sich, den japanischen Aktivisten Papiere auszustellen, da sie nach Auschwitz wollten und nicht etwa nach Katyn, wo die Sowjets ein Massaker an polnischen Soldaten und Zivilisten verübt hatten. Für die Kommunistische Partei Polens dagegen stand Hiroshima symbolisch für die Verbrechen des amerikanischen Imperialismus, weshalb man die Friedensaktivisten willkommen hieß. Aus Sicht der Partei half der Friedensmarsch dabei, den US-Imperialismus in die Nähe Nazi-Deutschlands zu rücken. Die Krakauer Lokalzeitung *Dziennik Polski* veröffentlichte einen Bericht über die Teilnahme der japanischen Friedensaktivisten an der Feier zum Gedenken an die Befreiung von Auschwitz. Dabei betonte die Zeitung vor allem, dass der buddhistische Mönch Satō Kyōtsū die Forderung der polnischen Regierung nach einem atomwaffenfreien Zentraleuropa unterstützte.[65]

Die nationalen Historien erwiesen sich als äußerst widerstandsfähig gegen die Entstehung einer kosmopolitischen Erinnerungskultur. In der invertierten Erinnerung an das Japanische Kaiserreich nahm das Land nunmehr eine postkoloniale und nicht etwa eine postimperiale Position ein. Dadurch erschien der »Pazifikkrieg« zwischen Japan und den USA lediglich als ein Kapitel im jahrhundertelangen und letztlich siegreichen japanischen Kampf gegen den Kolonialismus der westlichen Großmächte.[66] Vor diesem Hintergrund konnte sich Japan bei der Aufarbeitung seiner Kriegshandlungen als unschuldiges Opfer inszenieren. Der US-amerikanische Atombombenangriff und die anschließende Besatzung förderten die Ausprägung der postkolonialen Rolle Japans. Als Folge wurden die Not und das Leid der Menschen in Taiwan, Korea, China, Vietnam, Indonesien, den Philippinen und in anderen asiatischen Nachbarländern weitgehend übersehen oder vergessen. Die Teilnehmenden am Hiroshima-Auschwitz-Friedensmarsch verstanden sich als Angehörige der größten Opfernation und als pazifistische Helden, bis sie auf ihrer Pilgerreise in asiatischen Nachbarländern mit Beschuldigungen und Erinnerungen an Japans Kriegsgräuel konfrontiert wurden. Doch änderten die japanischen Aktivisten ihre Sichtweise nicht grundlegend. Viele von ihnen blieben bei ihrer negativen Haltung gegenüber den Koreanern, die wiederum Japan nicht vergeben konnten und auf Rache sannen.[67]

Insofern war das »kosmopolitische« Erinnern, das mit dem Hiroshima-Auschwitz-Friedensmarsch aufkam, sehr eng gefasst, denn es marginalisierte jene *hibakusha*-Opfer, die keine ethnischen

Japaner gewesen waren. Selbst Kenzaburō Ōe, einer der wohl feinfühligsten japanischen Autoren und Intellektuellen, die sich mit dem Thema Minderheiten beschäftigten, räumte ein, dass er in seinen Texten zum antiatomaren Pazifismus und zum Hiroshima-Gedenken die koreanischen Atombombenopfer zunächst ausgeklammert habe.[68] Die ethnozentrische Erinnerung, in der man sich selbst als die einzigen Opfer identifizierte, machte viele Japaner blind für das Leid, das ihren asiatischen Nachbarn durch die japanische Invasion widerfahren war. Das Gedenken an Hiroshima und Nagasaki wurde so in kurzer Zeit zu einem Mittel, mit dem sich Nanjing, Bataan, die Zwangsprostitution der ›Trostfrauen‹ und zahllose andere japanische Gräueltaten vergessen ließen.[69] Der japanische antiatomare Pazifismus war, anders gesagt, »weniger daran interessiert, sich mit Japans früheren Verfehlungen zu befassen, als vielmehr daran, dessen künftige Einheit als pazifistische Nation voranzubringen«. Hiroshima wurde damit zur »Ikone der Vergangenheit Japans als unschuldiges Kriegsopfer«.[70] Abstrakter betrachtet lässt sich festhalten, dass »die Inanspruchnahme einer universellen Kategorie der Menschheit, die als Subjekt der Gedenkkonstruktion gesetzt wird, dem Ansinnen im Weg steht, den japanischen Nationalismus und Ethnozentrismus zu ächten«.[71]

Dem »kosmopolitischen Erinnern«, das in den Sechzigerjahren Hiroshima und Auschwitz miteinander verknüpfte, kann man daher nur skeptisch begegnen. Das gilt nicht zuletzt auch für jenen Akt, den man als ›Todesdiplomatie‹ bezeichnen könnte, bei dem die Asche unidentifizierter Opfer der beiden Schreckensereignisse ausgetauscht wurde. Diese Vulgarisierung eines Memento mori, das an den Genozid gemahnt, stand exemplarisch für die nationalistische Aneignung des Holocaust durch die Japaner und für die ideologische Instrumentalisierung Hiroshimas seitens der Polen. Die japanische Obsession mit Anne Frank funktioniert auf ähnliche Weise. In Japan ist fast jeder mit Anne Franks Geschichte vertraut und hat entweder ihr Tagebuch gelesen oder kennt eine Adaption als Manga oder Anime. Wie Alain Lewkowicz erklärte, »beruht die Verbindung zwischen Anne Frank und Japan auf der Idee einer Schicksalsverwandtschaft der Opfer« von Auschwitz und Hiroshima/Nagasaki. Wenige Japaner machen sich jedoch Gedanken darüber, dass das militärische Handeln ihres Landes mit unzähligen Verbrechen einherging, die jenen ähneln, welche an Anne Frank begangen wurden.[72] Wie bereits erwähnt, beriefen sich auch serbische Nationalisten auf ein universalistisches Holocaust-Gedenken, das als Deckerinnerung diente, um serbische Kriegsverbrechen und Gräueltaten während des Jugoslawienkriegs in den Neunzigerjahren zu kaschieren.

Ähnlich der Obsession mit Anne Frank entwickelte sich im Nachkriegsjapan ein Kult um Pater Maximilian Kolbe, der nach seinem Martyrium in Auschwitz heiliggesprochen wurde. Um eine Verbindung zwischen dem Holocaust und den Atombombenabwürfen herzustellen, legten die japanischen Darstellungen Kolbes den Fokus auf dessen Zeit als Missionar in Nagasaki von 1930 bis 1936. Die Verknüpfung von Auschwitz und Nagasaki, die damit zu einem weiteren wichtigen Bestandteil dieser globalen Erinnerungsformation wurde, bedeutete, dass durch die Erfahrung eines Ereignisses wie des Holocaust für vergangene Verfehlungen gesühnt werden könne. Takashi Nagai, der in seiner Trauerrede für die Opfer von Nagasaki den Begriff *hansai* prägte und als Heiliger von Nagasaki bekannt werden sollte, hatte Kolbe während dessen Mission im Kloster in Hongochi einen Besuch abgestattet. Es war nicht weniger als ein Wunder, schrieb Nagai später, dass Kolbe damals so engagiert auftrat, obwohl er unter schwerer Tuberkulose litt. Aus Pater Kolbes missionarischer Tätigkeit in Nagasaki, dem zentralen Ort der japanisch-katholischen Atombombenopfer vom 9. August 1945, und aus seinem Martyrium in Auschwitz ließ sich im Nachkriegsjapan beträchtliches symbolisches Kapital schöpfen. In der Erinnerung an die Atombombenabwürfe festigte sich das mnemonische Band zwischen Pater Kolbe, dem katholischen Märtyrer von Auschwitz, und den Opfern von Nagasaki. Rückblickend war es ein Zufall, dass der polnisch-katholische Märtyrer von Auschwitz zuvor Missionar in Nagasaki gewesen war. Ein außergewöhnlicher Zufall war auch, dass die Atombombe am 9. August 1945 über der Kathedrale der Unbefleckten Empfängnis in Nagasaki detonierte. Zu den Ideen, die in dieser Kathedrale verkörpert waren, hatte sich Kolbe durch die Gründung des Klosters Niepokalanów bekannt.

Mit Pater Kolbes Seligsprechung im Jahr 1971 und seiner Heiligsprechung im Jahr 1982 stärkte sich das mnemonische Band zwischen ihm und den Atombombenopfern von Nagasaki noch.[73] Der bekannte katholisch-liberale japanische Autor Endō Shūsaku schrieb einen Fortsetzungsroman über Kolbe, der von 1980 bis 1982 in der auflagenstarken progressiven Tageszeitung *Asahi shimbun* erschien. Endō verwob darin das Schicksal eines japanischen Kamikaze-Piloten mit Kolbes Martyrium in Auschwitz. Diese merkwürdige Nebeneinanderstellung vermittelte den Eindruck, als sei es kein Zufall, sondern Vorsehung gewesen, dass die Atombombenopfer von Nagasaki sowie Kolbe umgekommen sind; sie hätten sich geopfert, damit die Menschheit eine Zukunft in Frieden haben könne. Endō verfasste außerdem einen Kurzessay über Kolbes Geschichte als Auschwitz-Märtyrer, der in japanischen Schulbüchern abgedruckt wurde und auch heute noch sehr beliebt bei Jugendlichen in Japan ist. Endō erklärt darin, dass es die höchste Form der Liebe sei, sein eigenes Leben für das eines anderen zu opfern. Diese Art von Liebe verdiene es, als »Wunder« bezeichnet zu werden.[74]

Ayako Sono, die als informelle Beraterin für den ehemaligen japanischen Premierminister Abe tätig war, sorgte für einen Eklat in den Sozialen Medien, als sie schrieb, dass die Apartheidpolitik und rassistische Segregation in Südafrika für Weiße, Asiaten und Afrikaner vorteilhaft gewesen seien. Sie pries die Apartheid überdies als ein Vorbild für die japanische Migrationspolitik an.[75] Sono ist weithin bekannt für ihre ultranationalistischen und rassistischen Kommentare, weniger jedoch für ihre hingebungsvolle Verehrung von Pater Kolbe. 1971 schrieb sie die dokumentarische Biografie *Kiseki* (»Wunder«), in der sie Kolbes Leben und Nachleben bis zu seiner Seligsprechung in Polen nachzeichnete. Sonos Vorstellung von einem »Wunder« unterschied sich nicht von der des liberalen Endō Shūsaku, denn auch sie stellte das Opfer des eigenen Lebens für andere als höchste Liebestat ins Zentrum ihrer Darstellung. Sono beschrieb Kolbes Tod als ein rein ästhetisches Ereignis, das sie in einem transzendentalistischen Rahmen einbettete.[76] Anders als Endō war sie jedoch auch fasziniert vom patriotischen Mythos um Kolbe und seine schlichte Herkunft aus einer Arbeiterfamilie.[77]

Die obsessive Fokussierung auf Pater Kolbe deutet, vor allem angesichts der dabei ausgelassenen Aspekte, auf eine politische Instrumentalisierung hin. Das absolute Schweigen über Kolbes

Antisemitismus wirft im Hinblick auf die japanische Erinnerungskultur Fragen auf, denen sich auch die radikalen und progressiven katholischen Intellektuellen in Japan stellen müssen. Anlässlich von Kolbes Seligsprechung im Jahr 1971 thematisierte Jan Józef Lipski die antisemitischen Artikel, die in der von Kolbe herausgegebenen Tageszeitung *Mały Dziennik* erschienen waren. Der Unmut über Kolbes Antisemitismus beschränkte sich aber nicht auf Polen.[78] Als die Kontroverse im Zusammenhang mit Kolbes Heiligsprechung im Jahr 1982 erneut aufflammte, berichteten auch die *New York Times*, die *Washington Post* und andere internationale Zeitungen ausführlich darüber.[79] Die japanischen Katholiken schwiegen jedoch. Hierüber Aufklärung zu betreiben wäre ein wichtiger Schritt, die Leerstellen in der Karte der japanischen Erinnerungslandschaft der Nachkriegszeit auszufüllen.

›Trostfrauen‹, Armeno-Amerikaner und performativer Nationalismus

2011 kam es im Auditorium des Queensborough Community College in New York zu einer Begegnung von koreanischen ›Trostfrauen‹ und jüdisch-amerikanischen Holocaust-Überlebenden. Diese Veranstaltung stand symbolisch für das empathische mnemonische Zusammentreffen des Holocaust-Gedenkens und des Gedenkens an die Opfer der japanischen Zwangsprostitution. Eine etwas andere Geschichte dieses Zusammentreffens erzählt der Streit um ein in Glendale errichtetes Mahnmal. Am 9. Juli 2013 hatte der Stadtrat der kalifornischen Gemeinde mit vier Stimmen gegen eine den Plan bewilligt, eine Gedenkstatue für die koreanischen ›Trostfrauen‹ zu errichten. Trotz des Widerstands japanischer Nationalisten hielt der Stadtrat an diesem Plan fest. Unter den Befürwortern waren auch die beiden armenischstämmigen Ratsmitglieder Ara Najarian und Zareh Sinanyan. Nach Jerewan, der Hauptstadt Armeniens, ist Glendale die Heimat der zweitgrößten armenischen Gemeinde weltweit. Dort leben rund 80 000 armenische Amerikaner, was nahezu 40 Prozent der 200 000 Einwohner Glendales entspricht.[80] 2016 berichtete *The Atlantic*, dass Armenier in Glendale auch ohne jegliche

Englischkenntnisse ein angenehmes und einträgliches Leben führen können, denn es mangelt dort nicht an armenischen Fernsehsendern, Restaurants, Kirchen und Schulen.[81]

Das Ratsmitglied Najarian bezeichnete die Enthüllung der Statue als einen »stolzen Augenblick für Glendale« und gab seiner Hoffnung Ausdruck, dass das Denkmal »einen Beitrag zum Heilungsprozess« der überlebenden koreanischen ›Trostfrauen‹ leisten könne. Sinanyan, der erste in Armenien geborene Politiker mit einem Sitz im Stadtrat von Glendale und Enkel eines Überlebenden des Genozids an den Armeniern, erklärte in einer Rede: »Alles in meinem Leben hängt damit zusammen, dass mein Volk vor 98 Jahren abgeschlachtet, vertrieben, vergewaltigt und allen möglichen Torturen ausgesetzt wurde […]. Ein solches Massenverbrechen zu leugnen kann zu nichts Gutem führen. Eine Entschuldigung würde sehr viel bedeuten, ein Eingeständnis von Schuld, ein Zeichen von Reue würden viel beitragen zu einem normalen, friedlichen und behutsamen Umgang der Nationen miteinander.«[82] Sinanyan deutete damit an, dass sein Bewusstsein für den Genozid an den Armeniern ihn für das Leid der koreanischen ›Trostfrauen‹ sensibilisiert habe. Das politische Kalkül, die Stimmen der 22 000 koreanisch-amerikanischen Bewohner von Glendale für sich zu gewinnen, dürfte wohl auch in seine Rede eingeflossen sein.

Die in der Zentralbibliothek von Glendale beherbergte ReflectSpace Gallery setzt sich mit Großverbrechen der Menschheit auseinander und hat bereits eine beeindruckende Reihe von Ausstellungen zum kosmopolitischen Erinnern realisiert. Die von März bis Mai 2017 gezeigte Eröffnungsausstellung »Landscape of Memory: Witnesses and Remnants of the Armenian Genocide« setzte auf die transdiziplinäre Zusammenarbeit von Zeitzeugen, Überlebenden und Künstlern. Von Juli bis September 2017 folgte die Ausstellung »›Do the Right Thing‹: (Dis)comfort Women. Sex Slaves of the Japanese Imperial Army«, die dem Gedenken an die ›Trostfrauen‹ gewidmet war. Der armenisch-amerikanische Fotograf und Kurator Ara Oshagan und die koreanisch-amerikanische Kuratorin Monica Hye Yeon Jun stellten dafür gemeinsam eine Auswahl von Werken zwölf internationaler Dokumentare und Künstler zusammen. Im Fokus der Ausstellung stand jene »Spannung zwischen der Unmöglichkeit des Sprechens über persönliche Traumata und dem zutiefst menschlichen Drang zum Erzählen«, die für Überlebende eines Genozids grundsätzlich bezeichnend ist. Auch die darauffolgenden Ausstellungen – »Wake: The Afterlife of Slavery«, »i am: Narratives of the Holocaust«, »(in)visible – Negotiating the US-Mexico Border« sowie »Nonlinear Histories – Transgenerational Memory of Trauma« – stellten eindrücklich unter Beweis, dass die Galerie der kritischen Erkundung des globalen Erinnerungsraums verpflichtet ist.[83]

Auf das ›Trostfrauen‹-Denkmal in Glendale reagierten japanisch-amerikanische Rechtsnationalisten und die japanisch-amerikanische Gemeinde in Südkalifornien sehr unterschiedlich. ›Trostfrauen‹-Leugner und nationalistische Erinnerungsaktivisten sowohl in Japan als auch im Ausland hatten damals angefangen, im transpazifischen Erinnerungsraum zu agitieren. Sie appellierten an das Weiße Haus, den Kongress und an amerikanische Lokalregierungen, die ›Trostfrauen‹-Denkmäler in den USA abreißen zu lassen. In einer Petition an die Obama-Regierung forderten sie, »die Entfernung des Denkmals [in New Jersey] und ein Ende der Unterstützung aller internationalen Hetzkampagnen gegen das japanische Volk, die mit diesem Thema in Zusammenhang stehen.« Die Leugner brachten vor, dass es sich bei den angeblichen japanischen Verbrechen an den ›Trostfrauen‹ lediglich um gewöhnliche bezahlte Arbeit gehandelt hätte, über die koreanische Nationalisten jedoch Lügen verbreiten würden, um die japanische Nation zu entehren. Die USA wurden damit zum Schauplatz eines Kampfs um Anerkennung von Erinnerungsdiskursen in Ostasien, die miteinander konkurrierten. Der Erinnerungskrieg um die Themen Zwangsarbeit und ›Trostfrauen‹ erwies sich auch als Belastungsprobe für das regionale antikommunistische Bündnis zwischen Südkorea, Japan und den USA. Dies zeigte sich im Jahr 2019, als der vor der Unterzeichnung stehende Militärpakt GSOMIA (General Security of Military Information Agreement) zwischen Südkorea, Japan und den USA aufgrund der historischen Verwerfungen zu scheitern drohte.[84]

Rafu Shimpō, eine japanisch-amerikanische Zeitung aus Little Tokyo in Los Angeles, veröffentlichte damals einen sehr wohlwollenden Artikel über die Denkmalenthüllung in Glendale und stellte sich damit gegen die japanisch-amerikanischen Rechtsnationalisten.

Die Zeitung arbeitete zudem eng mit der japanisch-amerikanischen Organisation NCRR (Nikkei for Civil Rights & Redress) zusammen, um das Gedenken an die ›Trostfrauen‹ in den USA zu stärken. Seit ihrer Gründung im Jahr 1980 setzte sich die NCRR für Entschädigung und Wiedergutmachung für die 120 000 japanischstämmigen Amerikaner ein, die während des Zweiten Weltkriegs in Internierungslagern festgehalten worden waren. Die Organisation unterstützte 1981 viele ehemalige Lagerinsassen bei den Anhörungen vor einer vom US-Kongress eingesetzten Kommission zur Untersuchung der Internierungen. Gleichzeitig stellte sich die Organisation energisch hinter den Erinnerungsaktivismus für das Gedenken an die ›Trostfrauen‹ in den Vereinigten Staaten. Nach dem 11. September 2011 gründete die NCRR ein Komitee für die Zusammenarbeit mit muslimischen Organisationen wie dem Muslim Public Affairs Council, dem Council on American-Islamic Relations und dem American Arab Anti-Discrimination Committee.[85]

Die überraschende Kooperation zwischen armenisch-amerikanischer Gemeinde und japanisch-amerikanischen NCRR-Mitgliedern im Zusammenhang mit der Gedenkstätte in Glendale ist ein Beispiel für eine graswurzelartige kosmopolitische Erinnerungskultur. Gegenüber dem von transnationalen Eliten verordneten kosmopolitischen Gedenken europäischer Prägung hat ein informelles armenisch-jüdisch-koreanisch-japanisch-amerikanisches kosmopolitisches Erinnern einen gewissen Reiz. Die Erinnerungssolidarität scheint in greifbare Nähe gerückt und schließlich erreichbar. Bei genauerem Hinsehen zeigt sich jedoch ein anderes Bild. Zareh Sinanyan musste sich entschuldigen, nachdem er auf YouTube rassistische, homophobe und weitere anstößige Kommentare gepostet hatte, die »größtenteils Armeniens geopolitische Feinde als Zielscheibe hatten«.[86] Sinanyans Online-Kommentare widersprachen seinen Äußerungen über die solidarischen Verbindungen zwischen dem Gedenken an den Genozid an den Armeniern und dem Gedenken an die ›Trostfrauen‹. Führende Politiker aus der armenisch-amerikanischen Gemeinde in Glendale reagierten zudem ablehnend, als in privaten Gesprächen mit koreanisch-amerikanischen Erinnerungsaktivisten Vergleiche zwischen dem Genozid an den Armeniern und den an den ›Trostfrauen‹ begangenen Verbrechen gezogen wurden.[87] Sie gaben zu verstehen, dass nur der »Armenozid« und nicht etwa geringfügigere Verbrechen wie jene an den ›Trostfrauen‹ in einen vergleichenden Zusammenhang mit dem Holocaust gestellt werden dürften. Die Erinnerungssolidarität wird weiterhin in einem quälenden Wettbewerb zerrieben und konterkariert.

Ohne diese Erinnerungssolidarität – und sei sie noch so rudimentär, provisorisch oder transaktional – wird es aber unmöglich sein, für das Schicksal der ›Trostfrauen‹ globale Anerkennung zu finden. Bis in die frühen Neunzigerjahre brachte man die Opfer der japanischen Zwangsprostitution zum Schweigen und tilgte ihre Erinnerungen aus dem nationalen und regionalen öffentlichen Gedächtnis, das im postkolonialen Korea und in Ostasien herrschte. Ein globales Bewusstsein für das ihnen widerfahrene Leid entstand erst mit den Enthüllungen über die sexuelle Gewalt im ehemaligen Jugoslawien und in Ruanda. Die globale Öffentlichkeit zeigte sich über die via Satellit in die Welt verbreiteten Horrorszenen entsetzt, es kam zu einer Sensibilisierung für sexualisierte Gewalt. Die Aufarbeitung sexueller Übergriffe im ehemaligen Jugoslawien schärfte das Bewusstsein für Frauenrechte als einem unveräußerlichen, integralen und untrennbaren Bestandteil der Menschenrechte. So stuften die internationalen Kriegsverbrechertribunale für das ehemalige Jugoslawien (ICTY) und für Ruanda (ICTR) Vergewaltigung als Verbrechen gegen die Menschlichkeit ein.[88] Im Dezember 2000 wurde in Tokio ein aus Frauen zusammengesetztes inoffizielles Kriegsverbrechertribunal (Women's International War Crimes Tribunal on Japan's Military Sexual Slavery) begründet, um das in den Dreißiger- und Vierzigerjahren praktizierte japanische System der sexuellen Versklavung zu untersuchen. Gabrielle Kirk McDonald, die frühere Präsidentin des ICTY, wurde als Richterin eingesetzt; Patricia Viseur-Sellers, die frühere Rechtsberaterin für geschlechtsspezifische Verbrechen am ICTY und am ICTR, fungierte als Chefanklägerin. In diesem Prozess wurden ehemalige ›Trostfrauen‹ von acht regionalen Klägerteams vertreten, darunter auch von einem gemeinsamen Team aus Süd- und Nordkorea.[89]

Das Frauentribunal von Tokio, das an die von Bertrand Russell während des Vietnamkriegs ins Leben gerufenen Bürgertribunale angelehnt war, konnte zwar keine rechtswirksamen Entscheidungen fällen, dennoch sorgte es weltweit für Aufsehen, als es den japanischen Staat und den verstorbenen Kaiser Hirohito für »Kriegsverbrechen und Verbrechen gegen die Menschlichkeit« verurteilte. Im Schlussurteil hieß es: »Die an den Überlebenden verübten Verbrechen gehören weiterhin zu den großen Fällen ungestraften Unrechts aus dem Zweiten Weltkrieg. Es gibt keine Museen, keine Gräber, die an die unbekannten ›Trostfrauen‹ erinnern, es gibt keine Aufklärung für künftige Generationen und auch keinen Jüngsten Tag für die Opfer von Japans sexueller Sklaverei. Viele der Frauen, die sich erhoben, um für Gerechtigkeit zu kämpfen, sind als unbesungene Heldinnen gestorben.«[90] Dass sich in der globalen Öffentlichkeit ein Bewusstsein für sexualisierte Kriegsverbrechen ausprägte, ermöglichte eine diskursive Verschiebung von »Entschuldigung und Entschädigung« hin zu »Strafe und Verantwortung«. Wie Carol Gluck argumentierte: »Ebenso wie der Holocaust zum globalen Beispiel für einen Genozid wurde, sind die ›Trostfrauen‹ zum Prüfstein für ein neues internationales Recht in Bezug auf sexualisierte Kriegsgewalt geworden.«[91]

Im September 2016 bot Tae-Young Yeom, der Bürgermeister der südkoreanischen Stadt Suwon, seinem Amtskollegen Dieter Salomon, dem Bürgermeister von Freiburg im Breisgau, eine den ›Trostfrauen‹ gewidmete Gedenkstatue als Schenkung an. Zwischen internationalen Partnerstädten ist eine solche Geste nicht unüblich, daher akzeptierte Salomon zunächst. Der einer kritischen Vergangenheitsbewältigung verpflichtete Grünen-Politiker musste seine Entscheidung später jedoch zurücknehmen. Es war zu Protesten gekommen, bei denen die Errichtung einer ›Trostfrauen‹-Statue als skandalös bezeichnet wurde, wenn es nicht auch ein Denkmal für die Opfer der sexualisierter Gewalt gäbe, zu der es in den SS-Bordellen in den Konzentrationslagern und an der Ostfront gekommen war. Auch der Bürgermeister von Matsuyama, der japanischen Partnerstadt Freiburgs, protestierte gegen das Vorhaben, nachdem er zahlreiche E-Mails von Bewohnern Matsuyamas erhalten hatte, und trug so dazu bei, dass Salomon seine Entscheidung revidierte.[92] Am 20. November 2016 verlieh der Koreanische Rat für die vom japanischen Militär in die sexuelle Sklaverei gezwungenen Frauen (*Hanguk Jeongsindae Munje Daechaek Hyeobuihoe*) einen Ehrenpreis an Bürgermeister Yeom. Die nationalistisch-feministische NGO würdigte damit dessen Einsatz für »die Errichtung eines Denkmals für die Opfer der sexuellen Sklaverei durch das Militär«. Yeom war der erste Empfänger dieses Ehrenpreises, der seitdem an Lokalpolitiker vergeben wird, die sich für die ›Trostfrauen‹ und die globale Anerkennung ihres Leids einsetzen.[93]

Yeoms Engagement ist auch zu verdanken, dass am 8. März 2017, am Internationalen Frauentag, im Nepal Himalaya Pavillon im ostbayerischen Dorf Wiesent eine Replik des ›Trostfrauen‹-Denkmals enthüllt wurde, das sich vor der japanischen Botschaft in Seoul befindet.[94] Weder die deutschen noch die koreanischen Medien konnten jedoch erklären, warum man die Statue in einem Dorf mit weniger als 2500 Einwohnern aufgestellt hatte. An diesem Standort erschien die Statue völlig aus dem Kontext gerissen und von Geschichte und Erinnerung entkoppelt. Beim Medienpublikum in Südkorea dürfte sie wohl mehr Beachtung gefunden haben als bei den Einwohnern Wiesents. Etwa zur selben Zeit verabschiedete die Provinzversammlung der südkoreanischen Provinz Gyeonggi-do, deren Hauptstadt Suwon von Bürgermeister Yeom regiert wird, einen Beschluss, wonach eine ›Trostfrauen‹-Statue auf dem im Japanischen Meer gelegenen Liancourt-Felsen errichtet werden solle. Um dieses kleine Felsarchipel gibt es einen jahrzehntealten territorialen Streit zwischen Südkorea, Japan und Nordkorea. Als der Vorsitzende der Provinzversammlung von Gyeonggi-do die zentrale Rolle der »Menschenrechte« für den Statuen-Beschluss betonte, wurde offenkundig – nicht zuletzt auch vor dem Hintergrund der Enthüllung der Statue in Wiesent –, dass ein kosmopolitisches Gedenken von einem Erinnerungsnationalismus vereinnahmt und vulgarisiert worden war.[95] Quixotische Nationalisten in Südkorea hatten den globalen Erinnerungsraum als neue Kampffront für sich entdeckt. Der koreanische Opfernationalismus, der sehr stark auf lokalpolitischer Ebene etabliert ist, war als Akteur im globalen Erinnerungsraum in Erscheinung getreten. Inspiriert vom Erinnerungsaktivismus um die ›Trostfrauen‹ setzte dieser Opfernationalismus auf ein stärker performatives und visuelles Vorgehen, das ihn gezielt im Alltagsleben des postkolonialen Korea verankerte.

Kritische Relativierung aus postkolonialer Perspektive

Das mnemonische Zusammentreffen der dreifachen Opferschaft – der Opfer des Holocaust, der Kolonialgenozide und des stalinistischen Terrors – ist bezeichnend für die globale Erinnerungsformation in der Ära nach dem Kalten Krieg, in der das »multidirektionale Erinnern« nach wie vor dem Einfluss hegemonialer Erinnerungspolitik unterliegt.[96] Eine postkoloniale Reflexion über die globalen Verflechtungen des Gedenkens an Auschwitz und den Gulag, den Holocaust und die Atombombenabwürfe, den Genozid an den Armeniern und die Versklavung der ›Trostfrauen‹ lässt erkennen, dass die globale Erinnerungsformation durch Konflikte zwischen Prozessen des – offiziellen und informellen – Gedenkens geprägt ist, die im Spannungsfeld zwischen Deterritorialisierung und Reterritorialisierung ausgetragen werden. Eine bloße Nebeneinanderstellung von Opfererfahrungen führt nicht unbedingt dazu, dass sich ein kosmopolitisches Gedächtnis herausbildet. Die nationalen Gedenkkulturen, die in der Nachkriegszeit entstanden, konkurrierten um eine hegemoniale Position innerhalb der globalen Erinnerungsformation und waren bestrebt, sich in ihrem Opferstatus gegenseitig zu übertreffen. Die Konsequenz davon war, dass sich eine Hierarchie der Opferschaft herausbildete. Je ähnlicher eine Opfererfahrung jener des Holocaust erscheint, desto höher steht sie demnach in der Hierarchie. Wie im postkommunistischen Osteuropa ebenso wie in Asien, Afrika und Südamerika deutlich wurde, hat man sich dabei einen kosmopolitisierten Holocaust angeeignet und in den Dienst des Erinnerungsnationalismus gestellt.

Täter haben die Erinnerung an den Holocaust vereinnahmt, auf lokale Kontexte zugeschnitten und sich dabei als Opfer reinszeniert. Sie benutzten diesen indigenisierten Holocaust als einen Schild, um sich gegen die Untersuchung eigener Verbrechen abzuschirmen. Unter diesen besonderen Umständen sich überschneidender Täter- und Opferpositionen fungiert das indigenisierte Holocaust-Gedenken als eine Deckerinnerung und wird mit dem Ziel eingesetzt, die finstere Geschichte der Verbrechen und Gräuel zu verbergen, die von den nun als Opfer auftretenden Tätern begangen wurden.

Zahlreiche lokale Aneignungsakte brachten einen kosmopolitisierten Holocaust in einem sich immer weiter ausformenden globalen Erinnerungsraum hervor. Anders als man zunächst hätte annehmen können, wird das kosmopolitische Erinnern durchaus von nationalistischen Aneignungen beeinträchtigt. Es verschafft nämlich eine narrative Dominanz mit beständiger moralischer Hebelkraft, was den Kampf um Erzählhoheit zwischen konfligierenden nationalen Erinnerungen verschärft. Als kosmopolitische Erinnerung ist der Holocaust wahrscheinlich sogar besonders anfällig für nationalistische Aneignung, da er mit einer Position der absoluten Moralität verknüpft ist.[97] Daher ist es beunruhigend zu beobachten, wie sich etwa das Jasenovac-Komitee der Bischofssynode der Serbisch-Orthodoxen Kirche seit dem Ende des Jugoslawienkriegs darum bemühte, die Kollaborateure unter den serbischen Tschetniks als KZ-Opfer zu rehabilitieren, und dabei eng mit der Gedenkstätte Yad Vashem zusammenarbeitete.[98]

Es ist ein Paradoxon, dass der Holocaust als Gegenstand kosmopolitischer Erinnerung immer wieder instrumentalisiert und dazu genutzt wurde, in der Ära nach dem Kalten Krieg nationalistisches Gedenken in Osteuropa und Ostasien zu legitimieren. Auch Israel, die USA und Westeuropa haben sich keine Zurückhaltung auferlegt, wenn es darum ging, die Erinnerung an den Holocaust zu politisieren und für eigene Zwecke einzusetzen. Die existenzielle Glaubwürdigkeit überlebender Opfer in den ›westlichen‹ Ländern konnte eine vorteilhafte Politisierung der Holocaust-Erinnerung begünstigen, legitimieren und authentisch erscheinen lassen. Häufig verstärkte die Kosmopolitisierung des Holocaust einen Erinnerungsnationalismus, der sich unter dem Banner der mnemonischen Solidarität in die globale Erinnerungsformation einschrieb. Als Walter Benn Michaels sich irritiert darüber zeigte, dass auf der National Mall in Washington, D. C., nicht der Sklaverei gedacht wird, kam ihm die Frage in den Sinn, ob das »auf der Mall inszenierte Gedenken an die Ermordung der Juden durch die Nazis tatsächlich nicht auch eine andere Form von Holocaust-Leugnung darstellt«.[99] Benn Michaels wies damit auf die politische Mobilisierung eines kosmopolitischen Holocaust-Gedenkens hin, das als Deckerinnerung dient, um die schmerzhafte Erinnerung an die amerikanische Sklaverei zu verdrängen.

Zygmunt Baumans These, dass der Holocaust kein Rückfall in die vormoderne Barbarei, sondern eine logische Konsequenz der westlichen Moderne sei, bietet einen Anhaltspunkt dafür, wie die postkoloniale Kritik mit der globalen Erinnerungsformation in der Ära nach dem Kalten Krieg verbunden werden kann. Seine postmoderne Analyse des Holocaust störte den im Westen außerhalb Deutschlands von »ungerechtfertigter moralischer Selbstzufriedenheit« geprägten Diskurs, denn Bauman rüttelte an der wohlgefälligen Binarität von brutalen Tätern und unschuldigen Opfern. Wenn der Holocaust eine »gesetzmäßige Folge [...] des Zivilisationsprozesses« in der modernen Gesellschaft ist, dann ist er auch »unser« Problem und nicht lediglich eine deutsch-jüdische Angelegenheit.[100] Ebenso kann ein postkolonialer Kritikansatz unser Bewusstsein für die Gefahren schärfen, die mit dem Erinnerungsnationalismus im Kontext der dreifachen Opfererfahrung verbunden sind. Aus postkolonial-kritischer Perspektive wird deutlich, dass der antikoloniale Nationalismus nicht nur eine Alternative zum Kolonialismus darstellt, sondern auch als sein Komplize fungiert, was wiederum aufschlussreich ist für die Ambivalenz des kolonialistischen Begehrens und die Enttäuschung unter den Kolonisierten. Eine postkoloniale Kritik kann uns dabei helfen, die Erinnerung an die koloniale Opfererfahrung in ehemals kolonisierten Gebieten davor zu bewahren, dass sie dem Erinnerungsnationalismus anheimfällt. Dieser postkolonial-kritische Blick lässt sich auch auf Osteuropa erweitern, wo die Analogien zwischen dem nazibesetzten ›Dritten Europa‹ des slawischen Ostens, den sozialistischen Satellitenstaaten des stalinistischen Russlands und den postkolonialen Staaten der ›Dritten Welt‹ schon länger bekannt sind. Diese postkolonialen, auf die dreifache Opfererfahrung bezogenen Verflechtungen nachzuzeichnen ist ein wichtiger Schlüssel zum Verständnis der globalen Erinnerungsformation in der Ära nach dem Kalten Krieg.

Abschließend möchte ich die »kritische Relativierung« und die »radikale Gegenüberstellung« als Ansätze skizzieren, die einer nationalistischen Aneignung des kosmopolitischen Erinnerns entgegenwirken können. Mir geht es dabei nicht um jene interessierte Relativierung, die sich im deutschen Historikerstreit der Achtzigerjahre zeigte und das bolschewistische Russland als östlichen ›Anderen‹

und existenzielle Bedrohung für das christliche Westeuropa zeichnete. Ernst Nolte und weitere rechte Historiker hatten damals die Singularität des Holocaust in Abrede gestellt, indem sie erklärten, dieser habe lediglich die kommunistische »Vernichtungstherapie« nachgeahmt. Für Nolte war der Holocaust eine »asiatische Tat«, bei der sich die Nazis am Bolschewismus zwischen 1917 bis 1921 orientiert hatten.[101] Noltes einseitige Behauptung, dass der Nazismus eine Erwiderung auf den Bolschewismus in Europa gewesen und in einen globalen europäischen Bürgerkrieg einzuordnen sei, kam gewissermaßen einer Entlastung des Nazismus gleich und schrieb die Schuld für dessen Verbrechen dem Bolschewismus zu. Die Singularität des Holocaust derart zu bestreiten und ihn dadurch zu relativieren ist zum Markenzeichen nationalistischer Apologeten der Nazi-Vergangenheit geworden. In der Geschichte der Historiografie erwies sich die vergleichende Rekontextualisierung jedoch als ergiebige Quelle, aus der sich kritische Methoden zur Dekonstruktion nationalistischer Geschichtsdarstellungen schöpfen ließen. Denn ungeachtet der Tatsache, dass die Relativierung des Holocaust im Zuge des Historikerstreits einen Weg zur Selbstexkulpation eröffnete, kann »Vergleichbarkeit an sich nicht wirklich exkulpieren«.[102]

Ähnlich wie Nolte, in dessen Augen der Bolschewismus treibende Kraft in einer globalen Abfolge von »Vernichtungstaten« war, betonte auch Jarosław Kaczyński, Polens ehemaliger Ministerpräsident von der nationalkonservativen Partei PiS, dass der Kommunismus ein mit dem deutschen Nazismus vergleichbares »genozidales System« sei. Das Problem, das bei dieser bizarren Annäherung Kaczyńskis an Nolte zum Vorschein kam, liegt weder im Vergleich noch in der Nebeneinanderstellung an sich, sondern in der »politischen Relativierung von Verantwortung«.[103] Diese zu kritisieren heißt jedoch nicht, dass wir den Holocaust essenzialisieren müssten, denn dies »schmälert tendenziell die Aufmerksamkeit für andere, weniger universell verabscheute Aspekte des Nazismus (wie dessen Verbrechen gegen die Arbeiterklasse), ganz abgesehen davon, dass andere im Rahmen der NS-Tötungsprogramme verübten Gräueltaten (wie die Ermordung von Sinti und Roma, Polen, sowjetischen Kriegsgefangenen, Homosexuellen und anderen Gruppen) aus dem Blick geraten«.[104] Die politische Verabsolutierung von Verantwortung ist nicht weniger problematisch als deren politische Relativierung. Jan Grabowski kritisierte, dass die deutsche Tätergeschichte durch die Fokussierung der Frage, »wie der Holocaust einzig und allein von Deutschen begangen wurde«, »die Gefahr birgt, die Geschichte des Holocaust zu verzerren oder gar zu verfälschen«.[105] Gute, wohlmeinende Deutsche, die »bereitwillig alle Schuld [am Holocaust] auf sich nehmen«, entlasten dadurch die osteuropäischen Kollaborateure der Nazis von der Verantwortung für die genozidalen Taten. Aus einer transnationalen, kritisch relativierenden Perspektive betrachtet würde der deutsche Eifer, die ausschließliche politische Verantwortung zu übernehmen, letztlich auf eine Leugnung des *Homo Jedwabneus* hinauslaufen. Dies erinnert an jene »gewissenhaften Intellektuellen« (良心的知識人) in Japan, die unbewusst dazu beitragen, den Nationalismus in Korea und China zu stärken. Doch es ist nicht die politische Relativierung von Verantwortung, sondern die kritische Relativierung der Geschichte, welche die globale Erinnerung vor solch überkontextualisierenden Verzerrungen bewahren kann.

Der Erinnerungskrieg im postkommunistischen Osteuropa und auf dem postkolonialen Trikontinent Asien-Afrika-Lateinamerika steht für eine Neuauflage des Historikerstreits im globalen Rahmen. Die Erinnerungen und Erzählungen der Vergangenheit haben sich nicht nur vervielfacht, sie sind auch vielfältiger, widersprüchlicher und lokaler geworden als jene, die noch durch die ideologische Binarität des Kalten Kriegs geprägt waren. Die Kosmopolitisierung des Holocaust ist ein Phänomen der Ära nach dem Ende des Kalten Krieges. Die globale Erinnerungsformation besteht in mehr als nur darin, die Erinnerung an den Holocaust auf koloniale Genozide und stalinistischen Terror zu übertragen. Die »kritische Relativierung« und die »radikale Nebeneinanderstellung« von unterschiedlichen, sogar unverbundenen Erinnerungen ermöglichen einen nichthierarchischen Vergleich im Rahmen des globalen Erinnerungsraums.[106] Die globale Erinnerungsformation ist in einem ständigen Prozess des Werdens und Veränderns begriffen, was sie für kritische Perspektiven empfänglich macht. Weder das Infragestellen der Einzigartigkeit des Holocaust noch dessen Essenzialisierung sind gangbare Pfade vorwärts.

Im Rahmen des weltweit beförderten kritischen Gedenkens beginnen die Menschen, über ihre eigene Vergangenheit nachzudenken, und zwar anhand dessen, was auf der anderen Seite des Planeten geschieht. Es ruft bei den Menschen die plötzliche Erkenntnis hervor, dass »Geschichte auch mir passieren kann, obwohl sie mir noch nicht passiert ist«. Darüber hinaus kommt dies einem moralischen Weckruf gleich, der die Menschen an die Möglichkeit von Grausamkeiten erinnert, »die ich nicht begangen habe, die ich aber in Zukunft begehen könnte«. Die Erkenntnis, dass jeder von uns in einer bestimmten Situation nicht nur Opfer, sondern auch Täter eines Holocausts, eines Völkermords oder einer ethnischen Säuberung sein kann, ist eine apokalyptische Prophezeiung und gleichzeitig ein ethischer Imperativ. Die gemeinsame Verzweiflung, die Erfüllung der apokalyptischen Prophezeiung zu verhindern, fördert die mnemonische Solidarität jenseits des Wettbewerbs um das größte Leiden. Darüber hinaus ist die Erinnerung an den Holocaust als globale Zivilreligion von universellen ethischen und politischen Richtlinien begleitet, die sich nicht auf den Diskurs über die Singularität des Ereignisses begrenzen lassen.

Die kritische Relativierung und die radikale Nebeneinanderstellung können nicht nur Empathie fördern, sondern uns auch dabei helfen, der Neigung zu widerstehen, die eigene Opferschaft an erste Stelle zu setzen. Beide Methoden als Werkzeuge zu nutzen bedeutet, die Reterritorialisierung und nationale Hierarchisierung von Opferschaft innerhalb der globalen Erinnerungsformation zu kritisieren.

Kartierung der Massendiktatur Ansätze zu einer transnationalen Diktaturgeschichte des 20. Jahrhunderts

Jenseits einer Geschichte des Martyriums

Die Konzeption der »Massendiktatur« schälte sich im Rahmen der Auseinandersetzung mit der Vergangenheitsaufarbeitung in Südkorea und Polen heraus. Als beide Länder nach dem Ende des Kalten Kriegs im Zuge radikaler demokratischer Transformationsprozesse umgekrempelt wurden, fand ich mich als teilnehmender Beobachter, der sich im transnationalen Raum zwischen Südkorea und Polen bewegte, in einem komplizierten Geschichtskapitel wieder.[1] In den letzten zwei Jahrzehnten waren diese beiden posttotalitären Demokratien durch eine Geschichte des Märtyrertums verbunden, die auf zwei Erinnerungssäulen beruht: der Erinnerung an eine tragische Opferschaft und der Erinnerung an einen heroischen Widerstand. Jedwede Infragestellung dieser Grundfesten des Gedenkens wäre in beiden Ländern wohl für »unzulässig« erklärt worden. Möglich geworden war eine Geschichte des Martyriums nur durch die Glättung der Unebenheiten der Geschichte und der Erinnerungen zugunsten einer erwünschten Version. Plurale Erinnerungen unterlaufen und stören eine lineare Geschichte. Wie Václav Havel stetig betonte, verläuft zwischen Tätern und Opfern keine klare Trennlinie. Vielmehr finden sich beide Rollen in jedem einzelnen Individuum. Nicht jeder war ein Komplize, doch jeder war in einem gewissen Ausmaß mitverantwortlich für das, was geschehen ist.[2] In Adam Michniks Credo »Ja zur Amnestie, Nein zur Amnesie« kommt eine Haltung zum Ausdruck, die durchscheinen lässt, wie vielschichtig sich die Aufarbeitung der Vergangenheit im posttotalitären Polen gestaltete.[3] Auch die Kontroverse über die *Lustracja*, die Entfernung früherer Staatsbeamter aus dem öffentlichen Dienst, machte deutlich, dass die Aufarbeitung der kommunistischen Diktatur ein weit komplexeres Thema ist, als die verbreitete Geschichte des Martyriums dies nahelegte.

In Südkorea führte der Erinnerungskrieg um die Entwicklungsdiktatur von Park Chung-Hee zu neuen Problemen im Kontext der Frage, »was unter und mit der Diktatur geschehen ist«. Die weitverbreitete nostalgische Rückbesinnung auf die Park-Ära brachte Linksintellektuelle, mich eingeschlossen, in Verlegenheit, da keiner von uns damit gerechnet hatte, dass Park im demokratisierten Südkorea wieder an Beliebtheit gewinnen könnte. Die Auseinandersetzungen in Korea und deren eigene Version der *Lustrajca*-Kontroverse kreisen nicht zuletzt um die Frage, »wie diese irritierende Nostalgie zu verstehen ist«. Mein koreanischer Essay »Den Code des Alltagsfaschismus entziffern« (1999) löste eine erbitterte, polemische Debatte über das Erbe der Entwicklungsdiktatur aus. Ich ging darin der Frage nach, wie es möglich war, dass ein faschistischer Habitus und eine faschistische Mentalität im Alltagsleben vieler Koreaner seit der Diktatur erhalten geblieben sind – obwohl das diktatorische politische Regime doch längst verschwunden ist. Die noch junge politische Demokratie in Südkorea wird, so meine Beobachtung, von einem diktatorischen Erbe heimgesucht. In meinem Folgeessay »Der Stellungskrieg der Faschisten und die Zustimmungsdiktatur« (2000) skizzierte ich das Modell einer transnationalen Diktaturgeschichte. Ich betrachtete die Geschichte der Vergangenheitsaufarbeitung im Deutschland, Italien und Polen der Nachkriegszeit und verwies darauf, dass die populäre nostalgische Anhänglichkeit an eine diktatorische Ära nicht nur für Südkorea bezeichnend ist. Ebenso wenig ist es ein koreanisches Spezifikum, diese Nostalgie verkürzend zum Produkt einer bestimmten politischen Propagandamaschinerie erklären zu wollen.[4] Auch wenn Erinnerungen oftmals propagandistisch gerahmt sind, kann eine Theorie der Verschwörungspropaganda allein nicht erklären, unter welchen Bedingungen verbreitete Erinnerungen für Propaganda empfänglich werden.

Der verblüffendste Aspekt im Rahmen einer transnationalen Geschichte der Diktaturen sind die Kontraste zwischen den politischen Konstellationen, unter denen das Projekt der Vergangenheitsaufarbeitung stattfindet. Gegen jede Intuition treffen sich dabei antikommunistische koreanische Rechte und polnische Kaderkommunisten ebenso wie linke, sozialistisch orientierte Dissidenten aus Südkorea und rechte antikommunistische Dissidenten aus Polen.

Sowohl koreanische Rechtskonservative als auch konservative Kommunisten aus Polen instrumentalisierten und benutzten die populäre Nostalgie, um die Entwicklungsdiktatur beziehungsweise das kommunistische Regime zu entlasten. Diese ungewöhnlichen Überschneidungen gehen allerdings noch weiter: Meine Aufsätze zum »Alltagsfaschismus« und »faschistischen Stellungskrieg« stießen auf heftigen Widerstand beim linksintellektuellen Establishment in Südkorea, ähnlich wie Havel und Michnik mit ihrer Haltung zur *Lustracja* wütende Reaktionen antikommunistischer Rechter in Tschechien und Polen hervorgerufen hatten.[5] Im transnationalen Raum können politische Rivalen merkwürdigerweise zur Gefährten der Erinnerung werden. Mit dieser Einsicht löste ich mich von der Dämonologie des Kalten Kriegs, sowohl in ihrer rechten wie in ihrer linken Spielart. Die überraschenden Konvergenzen ließen mich an der Nützlichkeit totalitarismustheoretischer und marxistischer Paradigmen zweifeln, da beide mit einem vereinfachenden Dualismus operieren, der einige wenige böswillige Täter (der Diktator und seine Schergen) einer Vielzahl unschuldiger Opfer (das Volk) gegenüberstellt. Infolge des manichäischen Präsentismus des Kalten Kriegs sind die unterschiedlichen Formen der Unterstützung für Diktaturen durch das Volk aus dem Blick geraten. Ein historisierender Ansatz, der sich einer Dämonisierung aus Zeiten des Kalten Krieges versagt, lässt an der moralistischen und klischeebeladenen Saga einer Geschichte des Martyriums zweifeln. Der Begriff der Massendiktatur entstand somit vor dem Hintergrund dieser transnationalen Reflexionen, die mit dem Ende des Kalten Kriegs möglich geworden sind.

Massendiktatur aus postkolonialer Perspektive

Die Theorie der Massendiktatur geht von einer einfachen Frage aus: Worin besteht der Unterschied zwischen einem vormodernen Despotismus und einer modernen Diktatur? Meine vorläufige Antwort lautet, dass der Despotismus nicht auf den breiten Rückhalt von unten angewiesen ist, während die moderne Diktatur der Unterstützung durch die Massen bedarf. Deren Mobilisierung und freiwillige

Mitwirkung sowie Unterstützung bilden den Fokus des hier entworfenen Theorieansatzes.[6] Nachdem die Massen erst einmal auf die Bühne der Geschichte getreten waren, konnte kein Regime, sei es demokratisch oder diktatorisch, die Stimme des gemeinen Volks länger ersticken oder ignorieren. Die sozialtechnologische und politische Konstruktion des modernen Staatssystems erforderte es, die Massen zu mobilisieren, ja sie gebot es sogar, für deren Begeisterung und freiwillige Mitwirkung zu sorgen. Die Geschichte zweier Weltkriege zeugt zudem von der entscheidenden Bedeutung der Massen auch für das totale Kriegssystem. Dies kann teils auch erklären, warum sowohl Demokratien als auch Diktaturen ein modernes Staatssystem übernommen haben, zu dessen wesentlichen Merkmalen unter anderem gehören: »allgemeines Wahlrecht/Plebiszit als Bestätigung durch das Volk«, »verpflichtendes Schulsystem/Nationalisierung der Massen«, »allgemeine Wehrpflicht/nationale Anrufung« und »soziale Wohlfahrt/soziale Bestechung«. Die Massendiktatur eignet sich das moderne Staatswesen und die egalitäre Ideologie an. Die Untersuchung der Massendiktatur muss daher im breiteren transnationalen Kontext einer politischen Moderne angesiedelt werden, die es entlang der Kategorien Territorialität, Souveränität und Bevölkerung zu begreifen gilt. Bezeichnend für die Gegenwart ist die Transformation der »Diktatur von oben« in eine »Diktatur von unten«.[7]

Die Massendiktatur ist dabei keineswegs das unvermeidliche Resultat einer Abweichung vom Standardpfad der Moderne und auch nicht das der autoritären und feudalen Traditionen einer vorindustriellen, vorkapitalistischen, vorbürgerlichen Gesellschaft, die diesen Pfad blockiert hätten. Die Theorie der Massendiktatur widerspricht insofern der These vom deutschen Sonderweg, wonach sich der Nationalsozialismus und andere Manifestationen des Faschismus abseits vom Pfad der parlamentarischen Demokratien im »Westen« entwickelt hätten, weil es der deutschen Bourgeoise angeblich an »emanzipatorischem Willen« und »Staatsbürgersinn« gefehlt habe.[8] Die Annahme einer Dichotomie zwischen einem partikularen Ausnahmeweg im ›Rest‹ der Welt – verkörpert im Wesentlichen durch Deutschland – und einem universalen Normalweg im ›Westen‹ setzt eine hierarchische Abstufung zwischen beiden Wegen voraus: Die Gegenüberstellung einer von der Norm abweichenden Diktatur und einer normativen Demokratie stärkt die Behauptung eines westlich/europäischen Exzeptionalismus. Demnach seien im Zuge der europäischen Aufklärung proklamierte Werte wie Demokratie, Gleichberechtigung, Freiheit und Menschenrechte, aber auch Phänomene wie Rationalismus, Wissenschaft und Industrialisierung allein dem ›Westen‹ zuzuschreiben. Im ›Rest‹ der Welt dagegen seien die ökonomischen und politischen Bedingungen un- oder unterentwickelt geblieben. Damit einher geht die Behauptung, im Faschismus und im Holocaust hätten sich lediglich die Besonderheiten des vormodernen ›Rests‹ manifestiert. Diese Annahme erfüllt die Funktion eines historischen Alibis, das den modernisierten ›Westen‹ von der Verbindung zur einer *ab initio* als vormodern definierten Barbarei freispricht.[9] Sobald jedoch die Massendiktatur in die historischen Karten der transnationalen Moderne eingezeichnet wird, stellt sich die politische Landschaft der Demokratie und der Diktatur deutlich anders dar.[10]

Verstärkt wird der Eurozentrismus durch Klischeevorstellungen vom Osten und Westen, von Asien und Europa. Doch weder Europa noch Asien haben eine unveränderliche Gestalt angenommen, ebenso wenig sind sie in feststehende geografische Grenzen gefasst. Die strategische Verortung Europas und Asiens ist im historischen Diskurs fortwährend in Bewegung. Beide stehen für relationale Gebilde, die nur dadurch Form und Geschlossenheit erlangen, dass sie im diskursiven Kontext eines »Problemraums« in eine kofigurative Beziehung zu ihrem Gegenüber treten.[11] Den Problemraum der Massendiktatur in den Blick zu nehmen ermöglicht es uns, das Phänomen der Diktatur im 20. Jahrhundert nicht als Endpunkt eines Sonderpfads der Vormoderne zu begreifen, sondern als Erscheinung auf einem der Normalpfade des Modernen; diese Konzeptualisierung ersetzt Osten und Westen als Kategorien. Im Problemraum der Massendiktatur lagen das Deutschland, Italien und Russland der Zwischenkriegszeit in einer Art Semiperipherie oder entsprachen einem Osten im Westen. Diejenigen Länder, in denen eine Massendiktatur herrschte, wurden zum Osten in einer imaginativen Geografie.[12] Diese ›Globalen Osten‹, verstanden als Problemraum der Massendiktatur, stellen die hierarchische Opposition von Asien und Europa beziehungsweise Osten und Westen infrage. Mit der konzeptuellen Abkehr von der verdinglichten Geografie einer Ost-West-Dichotomie und der Verschiebung zum Problemraum der Ko-Figuration von Osten und Westen erscheinen diese nicht mehr wesentlich verschieden, Massendiktatur und Massendemokratie geraten so zu Zwillingsprodukten einer globalen Moderne.[13]

Über eine transnationale Geschichte der Massendiktatur lassen sich die Diktaturen des Ostens und die Demokratien des Westens gemeinsam entlang eines globalen Horizonts der Moderne einordnen. Sowohl die Demokratie als auch die Diktatur sind demnach nicht statisch, sondern in einem Problemraum des Werdens verortet. Wenn Menschen zur Teilnahme an dem Projekt der Moderne einberufen werden, sind sie zwingend dazu angehalten, sich als ihre Akteure zu betätigen und zugleich Objekte zu sein.[14] Die historische Besonderheit einer Diktatur oder einer Demokratie lässt sich mittels einer globalen Perspektive untersuchen, die sich auf die Formation des modernen Nationalstaats richtet. Jeder einzelne Nationalstaat stellt sich folglich als Resultat der Aushandlungen zwischen verschiedenen Einberufenen in die Moderne dar. In globaler Perspektive erscheint auch der Traditionalismus, der die Massendiktatur ideologisch unterfüttert, nicht als Produkt einer Vormoderne, sondern als Variante des Moderne-Diskurses. Dieser Traditionalismus unterscheidet sich von Traditionen im Sinne eines Bestands an überkommenen Alltagspraktiken, und zwar genau deshalb, weil er erst durch die Interaktion zwischen Osten und Westen entsteht.[15] Auch die anspruchsvolleren Diskurse über eine »alternative Moderne«, eine »rückwirkende Moderne«, eine »Modernisierung gegen die Moderne« oder einen »Kapitalismus ohne Kapitalismus« sind vertraute Bestandteile einer Rhetorik der Massendiktatur. In ihnen spiegelt sich das Bewusstsein einer Gesellschaft von Nachzüglern wider, das »stark oszilliert zwischen dem Wissen um die Gefahr, durch die Moderne überwunden zu werden, und dem unmöglich zu erfüllenden Gebot, die Moderne zu überwinden«.[16]

Was in dieser transnationalen Perspektive widerhallt, ist Zygmunt Baumans mahnender Hinweis, wonach Genozide wie der Holocaust die logische Folge der zivilisatorischen Tendenz seien, die Ausübung von Gewalt einem rationalen Kalkül zu unterwerfen. Bauman beargwöhnte jegliche Versuche, die Gräueltaten der Nazis entweder mit den verschlungenen Pfaden der deutschen Geschichte zu erklären oder mit der moralischen Indifferenz und dem latenten Antisemitismus gewöhnlicher Deutscher.[17] In Baumans Augen schien die These vom deutschen Sonderweg die Moderne und den ›Westen‹ von der Fähigkeit freizusprechen, einen Genozid zu verüben. Um das Phänomen der Massendiktatur zu verstehen, müssen wir uns jenem Punkt zuwenden, an dem transnationale und postkoloniale Perspektiven aufeinandertreffen.[18] Damit soll jedoch nicht etwa eine lineare Kontinuität zwischen dem deutschen Kolonialismus in Südwestafrika und dem Holocaust behauptet werden. Der Holocaust lässt sich nicht als eine weitere Besonderheit des deutschen Kolonialismus fassen. Vielmehr gilt es, ihn im Kontext der Kontinuität eines ›westlichen‹ Kolonialismus zu beleuchten, wie auch Hannah Arendt nahelegte, als sie mit Blick auf den britischen Kolonialismus den Begriff des »Verwaltungsmassenmords« prägte.[19] Der von deutschen Kolonialisten zwischen 1904 und 1907 in Namibia verübte Genozid lässt sich besser erklären, wenn man eine transnationale Perspektive auf den Eurokolonialismus einnimmt, statt auf Besonderheiten der deutschen Geschichte zu verweisen, die durch Deutschlands Rolle als Nachzügler im Kolonialismus bedingt seien. Was also nicht ausgeklammert werden sollte, ist die Geschichte der ursprünglichen Akkumulation des Kapitals und der zahllosen Fälle von Eroberung, Versklavung, Raub, Mord und anderer Formen von Gewalt, die den Aufbau der modernen Nationalstaaten begleiteten. Die Entstehung von Kapitalismus und Demokratie in den ›westlichen‹ Nationalstaaten sollte, wie Marx schrieb, als ein »mit rücksichtslosem Terrorismus vollzogne[r]« Prozess betrachtet werden.[20]

Die Nazi-Utopie eines rassisch bereinigten deutschen Reichs war eine Mimikry des westlichen Kolonialismus, die »Europäer wie Afrikaner behandelte und somit den Imperialismus gleichsam auf den Kopf stellte«.[21] Nazi-Deutsche dürften sich insofern als Träger einer Art »Bürde des weißen Mannes« innerhalb Europas wahrgenommen haben, als sie slawische Menschen als »weiße Nigger« und die slawischen Gebiete als »Asien« betrachteten. Man kann nicht umhin, zwischen der kolonialen Unterwerfung der Slawen und der Ausrottung der Juden zu unterscheiden, aber eine kolonialistische

Biopolitik bahnt sich ihren eigenen Weg durch diesen Unterschied. Hitler hielt nicht an einer verdinglichten Geografie von ›West‹ und ›Ost‹ fest, sondern bekundete: »Die Grenze zwischen Europa und Asien sei nicht der Ural, sondern die Stelle, wo die Siedlungen germanisch bestimmter Menschen aufhören und das reine Slawentum beginnt.«[22] Kershaws Reinterpretation zufolge ging Hitler davon aus, dass »die Slawen für die Deutschen das Äquivalent zu den unterworfenen, eingeborenen Völkern des Britischen Empire in Indien und Afrika bilden sollten«.[23] Vorstellungen von kultureller Überlegenheit, ähnlich wie sie im Rahmen der Kolonialmissionen zum Tragen kamen, waren unter Deutschen im besetzten ›Osten‹ keine Seltenheit. Tatsächlich bot der ›westliche‹ Kolonialismus eine wichtige historische Vorlage für das genozidale Denken der Nazis. Der Genozid an den Ureinwohnern Nordamerikas, der britische Kolonialgenozid in Indien und Afrika, der stalinistische politische Genozid am ›Volksfeind‹, der Holocaust – das sind allesamt Formen des »kategorialen Mords«, der durch die essenzialisierende Neigung motiviert ist, andere Menschen nach ›Rasse‹, Ethnie, Klasse oder anderen beliebigen Merkmalen zu kategorisieren.[24] Unter dem Gesichtspunkt eines »Binnenkolonialismus« wurde dieses koloniale Erbe jenen kolonialen Subjekten vermacht, die als moderne Subjekte der unabhängigen Nationalstaaten in der postkolonialen Ära wiedergeboren werden sollten. Die postkoloniale Massendiktatur, etwa die Entwicklungsdiktatur in Südkorea, bietet ein anschauliches Beispiel dafür, wie diese moderne Subjektivität hergestellt wird.[25] Ein Schlüssel für das Verständnis der Massendiktatur in der postkolonialen Ära ist daher in der Interaktion zwischen Kolonisatoren und Kolonisierten zu finden.

Die gegenseitige Durchdringung von Massendiktatur und Massendemokratie

Um eine postkoloniale und vielleicht auch poststrukturalistische Perspektive auf die transnationale Geschichte der Massendiktatur zu eröffnen, ist zunächst erneut zu fragen: Worin liegt der Unterschied zwischen einer Massendiktatur und einer Massendemokratie? Die

Antwort gestaltet sich nicht einfach. Was, wenn in einer Mehrheitsdemokratie eines modernen Nationalstaats eine Mehrheit dazu verleitet wird, Minderheiten nach Nationalität, Klasse, Geschlecht, ›Rasse‹ oder Ethnie als Andere zu kategorisieren und zu marginalisieren? Was, wenn eine Mehrheit im Sinne des Mehrheitsprinzips entscheidet, Minderheiten zu tyrannisieren? Haben wir es dann mit einer Demokratie oder einer Diktatur zu tun?

Die Klischeevorstellung, nach der eine Diktatur einer arglosen Mehrheit von einer Minderheit aufgezwungen wird, dürfte einer historischen Überprüfung nicht standhalten. Die Geschichte moderner Kolonien zeigt etwa, dass die selbstverwalteten Siedlergemeinden weitaus mörderischer vorgegangen sind als autoritäre Kolonialverwaltungen. »Regime, die erst vor kurzem eine Demokratisierung eingeleitet haben, machen sich leichter mörderischer ethnischer Säuberungen schuldig als stabile autoritäre Regime«, wie Michael Mann scharfsinnig anmerkte.[26] In Ruanda brachten die Hutu mit ihrer Losung der »Mehrheitsdemokratie« die Überzeugung zum Ausdruck, dass »wer auch immer im Namen des ›Mehrheitsvolks‹ herrsche, […] damit bereits eine ihrem Wesen nach demokratische Herrschaft aus[übe]«. Diese Argumentationslogik bereitete den Weg für die Massaker an den Tutsi.[27] Dass Tocqueville die amerikanische Demokratie als »Tyrannei der Mehrheit« beschrieb und Talmon im französischen Jakobinismus eine »totalitäre Demokratie« erkannte, ist für die Erhellung des Wesens der Massendiktatur sogar aufschlussreicher als die Parole Mao Zedongs: »Die Diktatur des Proletariats ist die Diktatur der Massen«.[28] Wie die Behörde für Öffentliche Sicherheit der Volksrepublik China in einem vertraulichen Dokument von 1965 feststellte, müssten »die ganze Partei und die gesamten Massen einbezogen werden, soll die Diktatur erfolgreich ausgeübt werden«.[29] Sozialistische Regime griffen häufig auf die Metapher der »Volksdemokratie« zurück, wenn sie sich selbst als Variante der proletarischen Diktatur darstellen wollten.

Wenn Massendemokratie die Herrschaft des gemeinen Volks bedeutet, dann setzt die Massendiktatur voraus, dass sich eine unkoordinierte Menge gewöhnlicher Menschen in eine disziplinierte gleichförmige Masse verwandelt, in ein Kollektiv, das durch eine homogene Identität, einen einheitlichen Willen und ein gemeinsames

Ziel gekennzeichnet ist. Die disziplinierte Gleichförmigkeit und die homogene Kollektivität der Massen sind dabei imaginierte Vorstellungen. Sofern diese Vorstellungen von den Massen geteilt werden, bleiben sie wirkungsvoll, denn sie prägen das Denken und Handeln der vielen im Alltagsleben. Als imaginierte Realität stellt der Gemeinwille (beziehungsweise Volkswille oder Nationalwille) insofern eine Verknüpfung von Massendemokratie und Massendiktatur dar, als beide auf die Nationalisierung der Massen abzielen. Diese These erfuhr ihre wohl schärfste Zuspitzung in Simon Tormeys Behauptung, dass »die liberale Demokratie die raffinierteste Variante des Totalitarismus« sei.[30] Vergleicht man diachron statt synchron, zeigt das Beispiel Japans in der Vor- und Nachkriegszeit, dass dessen Nachkriegsdemokratie und Wohlfahrtsstaat in Kontinuität zu jenem System gesellschaftlicher Integration und Konsolidierung standen, das für die Ära der Massendiktatur bezeichnend war.[31] Daraus folgt jedoch nicht, dass die Massendiktatur demokratisch wäre, sondern lediglich, dass die Massendemokratie nicht demokratischer ist als die Massendiktatur.

Im Rahmen einer transnationalen Geschichte der Massendiktatur werden die Grenzen zwischen Diktatur und Demokratie durchlässig, was uns Anlass geben sollte, erneut über Herrschaft, Gewalt, Zwang und andere Formen von Repression nachzudenken. Dass die Kriegsmaschinerie Großbritanniens weitaus effizienter war als jene Deutschlands, deutet darauf hin, dass Herrschaftssysteme am wirkungsvollsten sind, wenn Menschen nicht erkennen, dass sie beherrscht werden.[32] Das Gefühl, beherrscht zu werden, entmutigt und dämpft den Enthusiasmus von Anhängern eines Regimes. In Systemen, die den Anschein von Freiheit und Vernunft am stärksten wahren, sind die weitreichendsten und durchdringendsten Formen von Herrschaft zu finden. Sachte, aber unnachgiebig Druck auf ein Individuum auszuüben, um ihm Gehorsam beizubringen, ist sehr viel effizienter und kostensparender als jede Form von Terror. Der Modus der Herrschaft beziehungsweise Unterwerfung, den wohl jedes Regime bevorzugt, ist der »verinnerlichte Zwang«, der durch die Strukturierung des Denkens und Fühlens herbeigeführt wird.[33] Der Erfolg einer Massendiktatur hängt also davon ab, ob es ihr gelingt, Menschen in Legitimationsrituale einzubeziehen und sie zu bewegen, die eigene Identität und Subjektivität aufzugeben und sich dem vom Regime entworfenen Modellsubjekt anzupassen. Ein modernes Subjekt, sei es in einem diktatorischen oder demokratischen Regime, ist einem Prozess der »kontrollierten und gesteuerten Vermassung« ausgesetzt, in dem sich ein formal unveräußerliches individuelles Freiheitsrecht letztlich als legitimerweise veräußerlich herausstellt.[34] Es ist kein Zufall, dass sowohl der italienische Faschismus als auch der Stalinismus lautstark die Absicht verkündeten, durch eine anthropologische Revolution einen »neuen Menschen« zu erschaffen: den *Homo fascistus* beziehungsweise den *Homo sovieticus*. Auch wenn beide Regime dieses Ziel nicht zur Vollendung brachten, arbeiteten sie unermüdlich darauf hin.[35]

Nachdem dieses Projekt gestartet worden war, verschob sich der Schwerpunkt von der revolutionären Massenbewegung zur institutionalisierten Massenpolitik. Während in der Hochphase des Stalinismus die Begeisterung für die anthropologische Revolution die Zustimmung der Massen mobilisierte, waren poststalinistische Regime darauf angewiesen, über Mechanismen der geteilten Schuld und die Komplizenschaft der kleinen Leute Massenzustimmung zu erzeugen. Mit seiner These vom »posttotalitären System« als einer Art kompromittierten Diktatur deutete der Dissident und Zeitzeuge Václav Havel auf diese sonderbare Massenpsychologie hin.[36] Vor allem während und im Anschluss an die Ära der Entstalinisierung führte das große Ausmaß der Komplizenschaft im Volk unvermeidlich zu Konformität. Nachdem die poststalinistischen Regime die totalitären Bemühungen um eine anthropologische Revolution und die Erschaffung eines neuen Menschentyps aufgegeben hatten, ließen sie auch von dem Anspruch ab, das Privatleben der Menschen zu beherrschen. Der Zynismus des Volks wurde hingenommen, auch wenn die Staatsmedien weiterhin dessen Passivität und Indifferenz verurteilten. Im Allgemeinen passten sich die Osteuropäer in der Ära nach 1956 an das System an, ohne große Begeisterung für das Staatsprojekt aufzubringen, und das Regime war gezwungen, sich mit dieser passiven Zustimmung zufriedenzugeben. Eingeschränkt in ihrem Alltagsleben flüchteten sich die einfachen Leute in entpolitisierte Kleinsphären, in der Folge entstand eine »Nischengesellschaft«.[37] Das Erbe des marxistischen Denkens reduzierte sich auf ein Bündel leerer, dekontextualisierter Slogans; für seine passive Zustimmung zu diesem erstarrten Marxismus wurde das Volk durch materielle Belohnungen entschädigt. Andrzej Walicki zufolge markierte die Entstalinisierung ab 1956 einen Wendepunkt vom Totalitarismus zum Autoritarismus.[38]

Ergänzen lässt sich diese Betrachtung durch eine erneute Auseinandersetzung mit dem Werk von Antonio Gramsci, dessen Begriff der Hegemonie hilfreich ist, um das Problem der Selbst- beziehungsweise freiwilligen Mobilisierung der Massen zu beleuchten. Im Gegensatz zur geläufigen Annahme, sein Konzept sei auf die Analyse liberaler Demokratien beschränkt, schrieb Gramsci ausdrücklich, dass auch der Faschismus als Stellungskrieg um Hegemonie in Erscheinung tritt.[39] Er erkannte, dass der Faschismus fest in der Alltagswelt verankert ist. Die große Sorge, die ihm das Aufkommen einer faschistischen Hegemonie bereitete, sah er darin bestätigt, dass Mussolini reges Interesse an der »allgemeinen ökonomischen Mobilisierung von Staatsbürgern« zeigte, worunter er die »reale Einberufung, eine reale zivile und ökonomische Rekrutierung sämtlicher Italiener«, verstand. Unter den Maßgaben des Hegemonie-Konzepts lässt sich diese Art der Organisation von Zustimmung nicht dem Prozess der Formung der öffentlichen Meinung gleichsetzen. Populäre Zustimmung wurde nicht einfach durch Staatsterror und allumfassende Propaganda erreicht; ebenso wichtig war es, die Massen zur Selbstmotivation zu inspirieren. Darum war es Mussolini auch ein dringendes Anliegen, »ein kapillares Netz von Verbindungen mit großer sozialer und kultureller Überzeugungskraft« aufzubauen.[40] Auch Japans Kampagne der moralischen Mobilisierung (1929–30) war ein beispielloser Versuch, totale soziale Kontrolle durch moralische Appelle (*kyōka*) herzustellen.[41] Später entwickelte der japanische Imperialismus dieses Projekt weiter zu der als *kōminka* (imperiale Nationalisierung) bezeichneten Kampagne, die das ambitionierte Ziel hatte, koreanische und taiwanesische koloniale Subjekte zu nationalisieren und zu japanischen Staatsbürgern zu machen. Das Projekt der Nationalisierung der Massen, das die Entwicklungsdiktaturen in Südkorea und in Taiwan verfolgten, knüpfte an die *kōminka*-Politik des imperialen Japans an. Die Massendiktatur ist ein Experiment in plebiszitärer Demokratie, das die

Herrschaft eines Regimes legitimieren soll. Die Hegemonie ist es, die dabei den Weg zur »Zustimmungsdiktatur« ebnet.[42]

Bei der Massendiktatur geht es also nicht nur um eine ›harte‹ Macht, die das politische Feld vollständig beherrscht, sondern auch um eine Form von ›sanfter‹ Macht, die die Zivilgesellschaft entlang eines eigenen normativen Maßstabs neu justiert. Eine in der gesellschaftlichen Basis verankerte faschistische Hegemonie zielt häufig darauf ab, bis in das Privatleben der Individuen einzudringen. Wie bei der anthropologischen Revolution streben hegemoniale Kräfte danach, größtmögliche Wirkung zu entfalten, indem sie die Praxis des Alltagslebens zu durchdringen versuchen, um das Bewusstsein der Menschen zu formen. Neben Gramscis Arbeiten bieten auch Louis Althussers Konzept der »Anrufung« und Michel Foucaults Analyse des maßgefertigten modernen Subjekts nützliche Ansatzpunkte, um den faschistischen Habitus und die Internalisierung von Zwang zu begreifen.[43] Die Massendiktatur ist wie alle modernen Regierungssysteme darum bemüht, mittels eines breiten Spektrums medizinischer, rechtlicher, administrativer und juridischer Instrumente zu legitimieren, dass sie politisch angewendet wird oder realisiert werden sollte. Kurzum, die Massendiktatur ist eine Form von Demokratie im Ausnahmezustand. Sie setzt dabei auf dieselben Mechanismen wie alle anderen Formen des modernen Nationalstaats, denen es darum geht, ein Volk mit einheitlichem Willen und Handeln zu konstruieren. Zunächst grenzt sie nichtkonforme Mitglieder als Andere aus, bevor sie sich die übrige Bevölkerung im Namen des »Nationalwillens« hegemonial aneignet. Von den Nazis geprägte Schlagwörter wie ›Volksgemeinschaft‹ und ›Volksgenosse‹ stehen für jenes Band organischer Integration, das klassenspezifische und politische Grenzen transzendiert, indem es Andere durch antisemitische, antibolschewistische und antiwestliche Rhetorik ausgrenzt und zugleich nach innen die neue, erfundene ethnische Identität der arischen Rasse ausformt.[44]

Staatsrassismus ist ein wirksames Mittel, um »biologisierte« innere oder internationale Feinde zu erschaffen, gegen die sich die Gesellschaft zur Wehr setzen müsse. Als zeitgenössische Allegorie der Intoleranz, des existenziellen Extremismus und des fundamental Bösen markierte die Kultur der Nazis gewissermaßen den tragischen

Kulminationspunkt von aufgeklärter Wissenschaft und Rationalität.[45] Daran erinnert auch Michel Foucaults Konzept der »Biomacht«, das von einem Dreiecksverhältnis zwischen Biopolitik, Bevölkerung und ›Rasse‹ ausgeht. Wenn die Disziplinargesellschaft auf einem kapillaren Netzwerk von Apparaten beruht, das Verhaltensweisen, Gewohnheiten, Dispositionen und Praktiken hervorbringt und reguliert, dann reguliert die Biomacht das soziale Leben aus dessen Innerem heraus. Mit der Geburt der Biomacht wurde es möglich, das gesamte Leben der Bevölkerung wirkungsvoll zu beherrschen.[46] Es ist eine offene Frage, ob die Biomacht mit der Massendiktatur zur Perfektion gelangte; ungeachtet dessen scheint die Massendiktatur die produktive Seite der Biomacht für den modernen Disziplinarstaat nutzbar gemacht zu haben. Die anthropologische Revolution, die einen neuen Menschen erschaffen sollte, blieb zwar unvollendet, doch den modernistischen Traum von der »Kontrollgesellschaft« hat die Massendiktatur nie aufgegeben. Als Bindeglied zwischen öffentlicher und privater Sphäre könnte die faschistische Ästhetik des idealisierten männlichen Körpers auf eine biopolitische Dimension der Massendiktatur verweisen. Die Geschichte der Sexualität zeigt uns, dass die Denk- und Verhaltensmuster der Massen an die Lenkung von Leidenschaften, Schönheits-, Liebes- und Freundschaftsidealen sowie die Normierung von sexuellen Dispositionen geknüpft sind. In Massendiktaturen kommt nicht weniger als in Massendemokratien eine Biopolitik der Sexualität zum Tragen.[47]

Volkssouveränität und politische Religion

Die These der Massendiktatur richtet unsere Aufmerksamkeit auf die Ideengeschichte der Volkssouveränität. Mit Carl Schmitts Charakterisierung des Faschismus als einer Staatsform, die »zwar antiliberal, aber nicht notwendig antidemokratisch« sei, fand eine auf der Idee der Volkssouveränität gegründete »neue Politik« ihren Höhepunkt.[48] Anders gesagt, die Entstehung der Massendiktatur vollzieht sich mit dem Übergang vom Liberalismus zur Demokratie und dem anschließenden Übergang von der parlamentarischen zur »dezisionistischen« oder plebiszitären Demokratie. Die Idee der

Volkssouveränität verwandelte passive Subjekte in aktive Bürger und bereitete dadurch den Weg zur partizipatorischen Diktatur. Ist der »Gemeinwille« erst einmal zum Willen des Volks oder der Nation verzerrt worden, ist das Volk oder die Nation als »konstituierende Gewalt« nicht länger einer Verfassung untergeordnet. Die Nation verfügt dann vielmehr über die legislative Macht, Verfassungen zu schaffen. Da sie Träger der konstituierenden Gewalt ist, kann die Nation nach eigenem Willen auch Verfassungen ändern. Verstößt diese konstituierende Gewalt gegen die Verfassung, mag das zwar gesetzwidrig sein, dennoch ist es verfassungsgemäß.

In dieser konstitutionellen Subversion scheint das Geheimnis der »souveränen Diktatur« auf: Diese schöpft ihre Berechtigung aus einer logischen Repräsentationskette: »Das Volk repräsentiert die Menge, die Nation repräsentiert das Volk, und der Staat repräsentiert die Nation.« Auf diese Weise verwandelt sich die Menge in eine geordnete Totalität.[49] In einer Rede vor dem Nationalkonvent im Jahr 1793 konnte Bertrand Barère die jakobinische Diktatur mit der Behauptung rechtfertigen, die Nation würde eine Diktatur über sich selbst ausüben. Derselben Logik folgend wurde im maoistischen China verkündet, dass die Diktatur der Massen in ihrer Macht grenzenlos sei. Maos öffentliche Sicherheitspolizei unternahm große Anstrengungen, jene »Langzeitpolitik weiterhin umzusetzen, die sich bei der Ausübung der Diktatur auf die Massen stützt«.[50] Angesichts dessen scheint George L. Mosses überspitzte Formulierung, dass Robespierre sich bei einem Massenaufmarsch der Nazis zuhause gefühlt hätte, keineswegs unbegründet.[51] Die ›Volksgemeinschaft‹ der Nazis war kein abstruses, vormodernes politisches Konzept, sondern eine metamoderne politische Ordnung, in der sich das Volk als der wahre politische Souverän betrachtet. Wie Eugen Weber schrieb, sah der Nazismus »sehr stark wie der Jakobinismus unserer Zeit« aus.[52]

Das Konzept der souveränen Diktatur ist auch aufschlussreich für das Verständnis der paradoxen Verwandtschaft zwischen rechten Diktaturen beziehungsweise dem Faschismus und linken Diktaturen beziehungsweise dem Stalinismus. Die Klischeevorstellung einer »Begegnung der Extreme« führt hier nicht weiter. Treffender scheint die These von Michael Hardt und Antonio Negri, wonach »das Herzstück in beiden Fällen die abstrakte Maschine nationaler

Souveränität ist«.[53] Selbst linke Kräfte sahen in der nationalen Gemeinschaft die Einheit des arbeitenden Volks, die man gegen den Feind dieses Volks schmiedete. Wie am nationalistischen Diskurs in der Volksrepublik Polen und in Nordkorea deutlich wurde, stärkte das sozialistische Ideal einer ethischen und politischen Einheit der Gesellschaft ungewollt die Vorstellung einer ursprünglichen Nation, die als organische, wenn nicht gar als familiäre Gemeinschaft betrachtet wird.[54] Als Reaktion auf den ›Westen‹ neigte sich der nationalistische Diskurs der Massendiktatur dem Osten zu. Äußerst bemerkenswert dabei war, dass der Faschismus und der Sozialismus auf seltsame Weise in einem antiwestlichen Projekt der Modernisierung konvergierten. Das Konzept einer Dichotomie von »bürgerlicher Nation« und »proletarischer Nation«, das den italienischen Faschisten und den Dritte-Welt-Marxisten der »Dependenztheorie« gemeinsam war, implizierte nämlich, dass sich der Klassenkampf zwischen Bourgeoisie und Proletariat zum Kampf zwischen wohlhabenden und verarmten Nationen verschob. Sowohl der Faschismus als auch der Stalinismus legten den Fokus dabei auf eine Entwicklungsstrategie, mit deren Realisierung der fortgeschrittene Kapitalismus um jeden Preis überholt werden sollte, und beide rechtfertigten diese Strategie, indem sie den Willen der Nation heraufbeschworen.[55]

In einen größeren soziokulturell-historischen Zusammenhang gestellt, befördert das Prinzip der Volkssouveränität auf ideologischer Ebene »die Nationalisierung der Massen«.[56] Dieser Form von »Massifizierung« entspricht eine »Egalisierung« und »Homogenisierung« in der wahrgenommenen Wirklichkeit.[57] Als maßgefertigte Totalität, die durch faschistische Spektakel herbeigeführt und gefestigt wird, negieren die nationalisierten Massen die liberale Vorstellung des autonomen modernen Subjekts. Die Befürworter dieser Transformation machten dabei geltend, dass das entzauberte moderne Subjekt den Anforderungen des Nationalstaats angepasst werden solle, die wiederum mit dem Verweis auf den Willen der Nation begründet wurden. Doch Ideologie allein bringt Menschen nicht dazu, Normen und disziplinarische Kontrollmechanismen zu internalisieren. Die Idee der Volkssouveränität ist zu abstrakt, um Menschen über Biomacht zu disziplinieren. Jenseits der konzeptuellen Ebene erfordert die affektive Reproduktion eines maßgefertigten Subjekts daher eine anthropokulturelle Wiederverzauberung. Sie kann etwa durch eine politische Religion oder Zivilreligion erzielt werden, die weltlichen Kategorien wie Nation, Staat, Klasse, Geschichte, Revolution oder ›Rasse‹ eine Aura des Heiligen verleiht und damit zu absoluten Prinzipien einer kollektiven Identität erhebt. Auch der Opfernationalismus erhält so seine affektive Dimension. Wenn sich die passiven Opfer, die zu Unrecht gestorben sind, im nationalen Gedächtnis in rechtschaffene Märtyrer für die gerechte Sache verwandeln, öffnet sich das Tor zum Opfernationalismus. Semantisch gesehen tritt der Opfernationalismus im Sublimierungsprozess auf, in dem ein unschuldiges Opfer von Krieg, Kolonialismus und Völkermord in ein erhabenes Opfer für eine weltliche Erscheinung wie die Nation, das Vaterland, die Unabhängigkeit, die Revolution, der Frieden, die Menschenrechte oder die Demokratie in der Erinnerungskultur der Nachkriegszeit umgewandelt wird. In Zusammenspiel mit einem Codex ethischer und sozialer Gebote bindet die politische Religion das Individuum an ein sakralisiertes säkulares Gebilde.[58] Unter den Massen, die die faschistische Ästhetik verkörperten, fanden sich zahlreiche Menschen, die sich von einem Nationalismus wiederverzaubern ließen, dessen emotionale Zugkraft die Politik in eine politische Religion verwandelt.

Das nationalistische Narrativ eines kollektiven Lebens, das sich aus unvordenklicher Vergangenheit in eine grenzenlose Zukunft erstreckt, konnte das sterbliche Leben des Individuums in dem ewigen Leben des Kollektivs aufgehen lassen und so jenes Vakuum füllen, das durch den Verlust von Mythos und religiöser Gemeinschaft entstanden war.[59] Die politische Religion wurde zum Vermächtnis der Massendiktatur und der Massendemokratie – sie ist ein Erbe der französischen Aufklärung. In theoretischer Hinsicht lässt sich dieser moderne politische Messianismus bis zu Rousseau zurückverfolgen. Dieser beharrte in seinen *Betrachtungen über die Regierung Polens* auf der Notwendigkeit einer »Zivilreligion« und nationaler Festtage, die den Menschen ein Gefühl von moralischer Einheit und absoluter Liebe für das Vaterland vermitteln würden. Die Amerikanische Revolution von 1776 und die Französische Revolution von 1789 waren Akte der nationalistischen Affirmation einer säkularen Religion und Bezugspunkte einer prophetischen Vision der nationalen Erneuerung durch die Politik. In der Rede, in der George W. Bush im Mai 2003 erklärte, dass die in den Irak einmarschierten US-Truppen siegreich gewesen seien, stilisierte er die amerikanischen Soldaten zu Missionaren. Sie hätten Dämonen ausgetrieben und nicht lediglich Feinde getötet.[60] Aus der Perspektive einer transnationalen Geschichte der Massendiktatur betrachtet, scheint die von Emilio Gentile postulierte Binarität von »demokratischer Zivilreligion« und »totalitärer politischer Religion« an der Sache vorbeizugehen.[61] Handelt es sich doch um zwei Seiten derselben Medaille, der sozialtechnologischen und politischen Konstruktion des modernen Nationalstaats.

In der Konzeptualisierung der Massendiktatur wird bisweilen der Aspekt der willentlichen Zustimmung betont, die zentrale Rolle des Terrors scheint demgegenüber in der Forschung gelegentlich verkannt zu werden. Doch wer Mechanismen der Zustimmung und hegemoniale Wirkungen zu erklären versucht, muss damit nicht die Bedeutung von Zwang, Gewalt, Terror, Repression und Strafe in Abrede stellen. Mit der Theorie der Massendiktatur ist der Zweifel an der kurzsichtigen Dichotomie von Zwang und Zustimmung verbunden. Daher befasst sie sich mit der Frage, warum das System der gewaltsamen Unterdrückung, das diktatorische Regimes wie das der Nazis etablierten, von einem Großteil der Bevölkerung ausgeblendet, akzeptiert, befürwortet und sogar in die Tat umgesetzt wurde. Um Zustimmung herzustellen, ist Terror ein unerlässliches Mittel, denn er löst nicht nur Angst aus, sondern auch ein Gefühl der Erleichterung unter »Nationalgenossen«, die von dem Terror nicht betroffen sind. Terror wurde äußerst selektiv gegen die »Feindes des Volks« angewandt, doch die Massendiktatur setzte ebenso auf massiven Terror, als einer radikalisierten Version einer Strategie der negativen Integration. Indem die »Volksgenossen« zu Gewalt gegen die ›Anderen‹ aufgestachelt wurden, sollte eine Masse zu ›unserer nationalen Gemeinschaft‹ zusammengeschweißt werden. Terror und Zwang führten zu Chaos und Angst unter den Ausgegrenzten, doch gefährdeten sie die loyalen Mitglieder einer nationalen Gemeinschaft nie unmittelbar. Die Angst davor, ausgegrenzt zu werden, stellte für diese Mitglieder sogar eine schwerwiegendere Bedrohung dar als die potenzielle Verfolgung. Es ist eben diese Angst, die gewöhnliche Menschen zu aktiven Tätern, stillschweigenden Kollaborateuren und passiven Zuschauern werden lässt. Diese Angst erklärt auch, warum extremer Terror auf die Zustimmung von unten zählen konnte.[62] Als wesentliche Bestandteile der Massendiktatur sind Zwang und Zustimmung eng miteinander verflochten. Dies verleiht der Massendiktatur ein janusköpfiges Gesicht: Den Zugehörigen erscheint sie als Dr. Jekyll, den Ausgestoßenen als Mr. Hyde.

Trotz ihrer oft unverhohlen patriarchalen Ideologien fanden Massendiktaturen auch bei einigen Feministinnen Anklang, da sie zugleich die Vorstellung einer Gleichheit zwischen ihren Staatsbürgern vertraten. Um ein produktives und wirkungsvolles System der Selbstmobilisierung zu entwickeln, beriefen sich massendiktatorische Regimes oft auf eine Vorstellung von Souveränität, nach der Frauen der maßgeblichen Ethnie und Nation als »Nationalgenossinnen« galten. Dagegen galten in ihren Augen Männer, die einer anderen Nationalität, Ethnie, ›Rasse‹ oder Klasse angehörten, als nationale oder Klassenfeinde. Frauen waren in Massendiktaturen keine passiven Opfer. Sie wurden häufig gezielt zu öffentlichem Engagement aufgefordert. In Japan brachten sich feministische Führungsfiguren in das totale Kriegssystem ein, Frauen in Nazi-Deutschland wurden zu Täterinnen. Das System der Selbstmobilisierung konnte nur deshalb umfassend funktionieren, weil auch Frauen begeistert dem Ruf des Regimes folgten und am öffentlichen Leben partizipierten. Auch die Aktivistinnen in der British Union of Fascists und das weibliche Führungspersonal der *Saemaeul Undong* (Neues-Dorf-Kampagne) der südkoreanischen Entwicklungsdiktatur waren diesem Ruf gefolgt.

Handlungsmacht im Alltagsleben

Die Massendiktatur erscheint als eine Art Behemoth – eine perfekte, lückenlose politische Maschinerie, die nicht den geringsten Spielraum für Dissens und Widerstand lässt. Diese Wahrnehmung geht nicht zuletzt auf Foucaults Analyse moderner Macht zurück. Indem Foucault den Fokus seiner Analyse auf die Mikrophysik der Macht richtet, auf deren Wirkungen im Alltagsleben, tendiert er dazu, die Funktionsweise einer ganzen Gesellschaft auf ein einziges, dominantes Prinzip zu reduzieren: das der panoptischen oder disziplinarischen Macht. Doch die Prozeduren dieser Macht stützen sich ebenso auf Praktiken, die jenseits offizieller Stellen Verbreitung finden. Obwohl diese minoritären Praktiken »durch die Geschichtsschreibung nicht privilegiert werden«, bildeten sich um sie taktische »Antidisziplinen« heraus, die die Strategien der offiziellen Macht unterlaufen. Angesichts der stillen und unbemerkten Formen des Widerstands, die »aus dem Raster der etablierten Ordnung und der akzeptierten Disziplinen ausbrechen«, erscheint die Massendiktatur nicht länger als perfekte, lückenlose Maschinerie.[63] Foucaults Genealogie der Disziplin und Michel de Certeaus Antidisziplinen ergeben zusammen eine Topografie der Massendiktatur und Massendemokratie. Die ungeraden Linien der Geschichte von unten oszillieren zwischen den Polen Optimismus und Pessimismus, Widerstand und Unterwerfung, Hegemonie und Gegenhegemonie. Insofern bieten sie einen Anlass zur Reflexion über die Koexistenz von Disziplin und Antidisziplin.[64]

An diesem Punkt ist eine begriffliche Frage zu klären. In der ›westlichen‹ Geistestradition ist der Begriff *Masse* eng mit der politischen Bedeutung verknüpft, dass viele gewöhnliche Menschen passive, manipulierbare Objekte seien. Diese Annahme ist jedoch nur teilweise begründet. Anfang des 20. Jahrhundert betrachteten progressive Linke die Massen als das wahre Agens des gesellschaftlichen Wandels. In bürgerlichen und aristokratischen Kreisen dagegen galt die Masse als die gemeine Herde, geprägt durch Irrationalität, Ordnungslosigkeit und Armut. In der Verachtung seitens des bürgerlichen Establishments, für die Gustave Le Bons Schriften ein Paradebeispiel sind, spiegelt sich die Angst davor, dass sich die chaotischen Massen zum Aufstand erheben könnten. José Ortega y Gasset gestand freimütig seine Angst vor einem Szenario, in dem die Massen die Macht übernehmen und Entscheidungen treffen. In seiner Schrift über den *Aufstand der Massen* von 1929 verschob sich die Bedeutung des Massen-Begriffs: Aus passiven Objekten wurden handelnde Akteure, die nach der Macht greifen.[65] Die Angst der Bourgeoisie vor den Massen verweist auf deren Macht als Akteure. Die in ostasiatischen Sprachen verwendeten Wörter für »Masse« – *daejung* auf Koreanisch, *dazhong* auf Mandarin, *taishu* auf Japanisch – haben, abgesehen von einigen speziellen Kontexten, einen deutlicheren Bezug zur Handlungsmacht der Massen. Im ostasiatischen Raum verweist der Ausdruck »arbeitende Masse« (勤勞大衆) auf historisch wirkmächtige Akteure. Auch weil die Bezeichnungen für »Masse« in diesem Raum mit Handlungsmacht konnotiert sind, sollte das Konzept der Massendiktatur nicht dahingehend missverstanden werden, als würden die Massen von oben manipuliert.

In den Diskursen über die Massendiktatur treten die Akteure der Geschichte damit wieder auf die Bühne. Das Konzept der Massendiktatur knüpft insbesondere an den »Empirical Turn« und allgemeiner an einen »Investigative Turn« in der historischen Forschung an und lenkt so den Blick auf jenes »Flickwerk der Praktiken und Orientierungen, das von Menschen ko-produziert wird und mit dem sie leben und innerhalb dessen sie agieren«.[66] Das politische Schicksal menschlicher Akteure ist nicht vorbestimmt. Während sie historische Momente durchlaufen, pendeln sie zwischen Selbstermächtigung und Selbstmobilisierung zugunsten des Regimes. Dies verlangt nach Erklärungsansätzen, die multilinear angelegt sind und nicht unilinear, pluralistisch und nicht dualistisch, und die Mehrdeutigkeiten zulassen und nicht zugunsten absoluter Antworten auflösen. Der Raum zum Manövrieren, über den jeder einzelne Akteur verfügt, bildet eine Nische, aus der heraus sich die Massendiktatur und vielleicht auch die Massendemokratie dekonstruieren lässt; das betrifft namentlich die Dualismen von »Zwang und Zustimmung« und von »Widerstand und Kollaboration«. Jeder einzelne Akteur – ganz zu schweigen von den Massen – entzieht sich der Schematisierung und spielt in heterogenen Zusammenhängen eine konstitutive Rolle. Handlungsmacht lässt sich nicht massiert in einer enggeknüpften sozialen und kulturellen Matrix fassen. Individualität beinhaltet unvermeidlich eine Dualität, die sowohl die Objekt- als auch die Subjektposition in der Interaktion zwischen Selbst und Welt einschließt.[67]

Je weiter ein System der Mobilisierung entwickelt ist, eine umso größe Bandbreite an nonkonformistischen Verhaltensweisen zeigen die mobilisierten Menschen. Widerstand entsteht genau dann, wenn das Regime sich die totale Herrschaft scheinbar gesichert hat. An einem Regime der Selbstmobilisierung mitzuwirken bedeutet für viele

Menschen, sich dessen Struktur zu unterwerfen und die Gelegenheit zu nutzen, sich diese Struktur für eigene Zwecke anzueignen. Menschen, die mobilisiert wurden, um eine Massendiktatur zu unterstützen und an ihr mitzuwirken, sind nicht einfach einem von oben nach unten verlaufenden Prozess der Subjektivierung unterworfen. Hinter der Fassade freiwilliger Partizipation und Unterstützung mobilisieren und appropriieren diese Menschen den Prozess der Subjektivierung oft aktiv für eine Selbstermächtigung von unten, wobei hier einmal mehr die Dialektik zwischen einer »Internalisierung des Externen« und einer »Externalisierung des Internalisierten« zu beobachten ist. Charakteristisch für die Massen in einer Massendiktatur sind vor allem die Widersprüche und Dissonanzen, die sich durch die Praktiken und Verhaltensweisen der Menschen hindurchziehen. Statt von einer »Selbstmobilisierung« spricht Alf Lüdtke in diesem Zusammenhang denn auch von einer »Selbstenergisierung«, um die widersprüchlichen Praktiken der Unterwerfung und Aneignung im Alltagsleben begrifflich zu erfassen.[68]

Um es zu wiederholen: Zustimmung und Zwang, Begehren und Unterdrückung sowie freiwillige und unfreiwillige Mobilisierung sind keine unvereinbaren Gegenpole, sondern verschiedene Aspekte ein und desselben Prozesses. Es geht nicht darum, sich jeweils für eines von beiden zu entscheiden – ob etwa »die Beständigkeit (des massendiktatorischen Regimes) entweder durch Kontrolle oder Zustimmung hergestellt wird«. Was wir vielmehr betrachten sollten, sind »Kontrolle und Zustimmung (oder vielleicht besser Einwilligung) – also eine Kombination von beidem, die zu ambivalenten Reaktionen gegenüber dem Regime führt«.[69] Entsprechend gilt es anzuerkennen, dass die Erfahrungen von Zustimmung und Zwang ihrerseits vielschichtig sind und ein Spektrum erfassen, das von internalisiertem Zwang über erzwungene Zustimmung, passive Konformität, Konsens, Selbstmobilisierung bis zu erzwungener Mitwirkung reicht. Unterwerfung war nie eine Einbahnstraße. Viele Menschen gaben vor, dem Regime hörig zu sein, doch diese Hörigkeit nutzten sie sehr oft als Möglichkeit, die Welt zu ihrem eigenen Vorteil zu gestalten. Ein wichtiger Teil der Aufgabe, die sich Historikern der Massendiktatur stellt, ist es somit, Begriffe wie »Zustimmung«, »Zwang«, »Konformität«, »Anpassung«, »Widerstand«,

»Opposition« und »Mobilisierung« zu dekonstruieren und zu pluralisieren.[70] So lässt sich etwa der Begriff »Widerstand« differenzieren in »Resistenz« (beziehungsweise den Begriff der »strukturellen Resistenz«, der sich auf die Verteidigung von Identitäten und sozialen Praktiken bezieht, die vom Regime bedroht werden) und »Widerstand« im Sinne eines »organisierten Widerstands« (*Résistance*), in »ideologisch getriebenen Widerstand«, »existenzialistischen Widerstand«, den »von der Hegemonie abhängigen Widerstand« oder auch den »Gehorsam mit Widerstandspotenzial«.[71]

Die Aufarbeitung der Diktaturen der Vergangenheit verlangt danach, die historischen Formen von Zustimmung und Zwang sowie die heutige Nostalgie eines *Dafür* und eines *Dagegen* im Rahmen einer »dichten Beschreibung« (Clifford Geertz) zu untersuchen, die der Vielschichtigkeit der Erfahrungen im Alltagsleben Rechnung trägt. Akteure der Geschichte sollten, wenn sie nicht länger nur passive Objekte sind, als für ihre Handlungsmacht verantwortlich betrachtet werden.[72] Entsprechend zieht auch die Betonung der Handlungsmacht im Konzept der Massendiktatur in Zweifel, dass gewöhnliche Menschen von historischer Verantwortung und juristischer Schuld ohne Weiteres entlastet werden können. Der Gedanke, dass »nicht Strukturen, sondern Menschen töten«, verweist auf die Schuld historischer Akteure. Hinterfragt wird damit auch der moralistische Dualismus, der zwischen den wenigen böswilligen Tätern und den vielen unschuldigen Opfern unterscheidet. Als Raul Hilberg rhetorisch fragte, »Wärt ihr nicht zufriedener, wenn ich euch hätte zeigen können, dass die Täter alle wahnsinnig waren?«, lieferte er seine Antwort gleich mit.[73] Auch Massenmörder waren gewöhnliche Menschen – ganz normale Leute.[74] Der moralische Trost, den der Glaube an einen abnormalen Täter vermittelt, geht nicht nur mit Selbstexkulpation einher, sondern auch mit einer moralischen Entwaffnung. Wie Zygmunt Bauman schrieb: »*Die furchtbarste Erkenntnis aus dem Holocaust und dem, was man über die Vollstrecker erfuhr, war jedoch nicht, daß ›so etwas‹ auch uns widerfahren könne, sondern, daß jeder von uns es tun könnte.*«[75] Oder anders gesagt: »Auch Sie oder ich könnten aktiv an einer mörderischen ethnischen Säuberung teilnehmen, falls wir in vergleichbare Situationen und in ein ähnliches soziales Umfeld gerieten.«[76]

Diese moralischen Überlegungen verweisen auf die Fähigkeit zur Selbstreflexion, welche die Möglichkeit eröffnet, dass historische Akteure jenseits einer Ordnung externer Determinationen stehen können, obgleich »in einer Weise, die begrenzt ist, weil sie eben dieser Ordnung verhaftet sind«.[77] Für die Massendiktatur bedeutet dies, dass die selbstreflexiven Akteure die Bestrebungen des Regimes durchkreuzen werden, die auf eine Nationalisierung der Massen abzielen. Es bedeutet, dass sich die uniforme Masse mit einheitlichem Willen in die Multitude verwandelt, die in dem Worten von Hardt und Negri »gemeinsam kommuniziert und handelt, während sie ihre Binnendifferenz bewahrt«, und dass die angepassten, einer Identifikationspolitik unterworfenen Subjekte zu autonomen Individuen mit unzähligen Differenzen werden. Und am Ende werden diese historischen Akteure die scheinbar perfekte, unentrinnbare politische Maschine, die wir Massendiktatur nennen, stören und durchbrechen. Global betrachtet hat der Faschismus einen Bewegungskrieg verloren, doch er punktet weiterhin auf dem Feld des Stellungskriegs. Als Umberto Eco vor einem »verschwommenen Totalitarismus und ewigen Faschismus« warnte und als Félix Guattari zu Wachsamkeit gegenüber einem »wiederkehrenden Faschismus« aufrief, erinnerten uns beide daran, dass der Stellungskrieg gegen den Faschismus nicht vorbei ist.[78] Was den Faschismus gefährlich macht, ist seine selbstverstärkende »molekulare oder mikropolitische Macht«. Losgelöst von einem manichäischen Moralismus, der wenige böswillige Täter und viele unschuldige Opfer einander gegenüberstellt, wandelt sich der Historismus der Massendiktatur in einen reflexiven Präsentismus.

Anmerkungen

Opfernationalismus
Nationale Trauer und globale Verantwortlichkeit

1 Aleida Assmann/Sebastian Conrad: »Introduction«, in: *Memory in a Global Age: Discourses, Practices, and Trajectories*, hrsg. v. Aleida Assmann/Sebastian Conrad, Basingstoke: Palgrave Macmillan 2010, S. 1–16, hier S. 1.

2 Der Begriff des »ererbten Opferstatus« geht zurück auf einen Essay von Zygmunt Bauman. Siehe Bauman: »Die Pflicht, nicht zu vergessen – aber was?«, übers. v. Hanne Herkommer, in: *Firma Topf & Söhne – Hersteller der Öfen für Auschwitz. Ein Fabrikgelände als Erinnerungsort?*, hrsg. v. Aleida Assmann/Frank Hiddemann/Eckhard Schwarzenberger, Frankfurt a. M./New York: Campus 2002, S. 237–274, hier S. 255.

3 Ernest Renan: *Was ist eine Nation? Rede am 11. März 1882 an der Sorbonne*, übers. v. Henning Ritter, Hamburg: Europäische Verlagsanstalt 1996, S. 35.

4 Antony Polonsky/Joanna B. Michlic: »Introduction«, in: *The Neighbors Respond: The Controversy over the Jedwabne Massacre in Poland*, hrsg. v. Antony Polonsky/Joanna B. Michlic, Princeton: Princeton University Press 2004, S. 1–43, hier S. 9.

5 Hannah Arendt: *Eichmann in Jerusalem. Ein Bericht von der Banalität des Bösen*, übers. v. Brigitte Granzow, München: Piper 2007, S. 403, 67.

6 Jie-Hyun Lim: »Victimhood Nationalism: Compelling or Competing?«, in: *Korea Herald*, 9. April 2007; Jie-Hyun Lim: »희생자의식 민족주의 [Opfernationalismus]«, in: *Bipyung* 15 (Sommer 2007), S. 154–176.

7 Anna Bikont: »We of Jedwabne«, in: Polonsky/Michlic (Hrsg.): *The Neighbors Respond*, S. 267–303; Anna Bikont: *Wir aus Jedwabne: Polen und Juden während der Shoah*, übers. v. Sven Sellmer, Berlin: Jüdischer Verlag/Suhrkamp 2020, S. 20–30.

8 In der aufgewühlten Debatte um das Massaker an den Juden von Jedwabne räumte ein 71-jähriger polnischer Zivilist ein, dass »man uns als Kindern erzählte, wir hätten nie jemandem Leid zugefügt. Diese moralisch bequeme Position zum Teil aufzugeben ist sehr, sehr schwierig für mich.« Siehe Polonsky/Michlic: »Introduction«, S. 1.

9 Primo Levi: *Die Untergegangenen und die Geretteten*, übers. v. Moshe Kahn, München: dtv 2015, S. 20.

10 Jie-Hyun Lim: »The Antagonistic Complicity of Nationalisms – On ›Nationalist Phenomenology‹ in East Asian History Textbooks«, in: *Contested Views of a Common Past: Revisions of History in Contemporary East Asia*, hrsg. v.

Steffi Richter, Frankfurt a. M.: Campus Verlag 2008, S. 205–222. Siehe auch Jie-Hyun Lim: »Nationalist Phenomenology in East Asian History Textbooks: On the Antagonistic Complicity of Nationalisms«, in: ders.: *Global Easts: Remembering, Imagining, Mobilizing*, New York: Columbia University Press 2022, S. 205–225.

11 Lisa Yoneyama: *Cold War Ruins: Transpacific Critique of American Justice and Japanese War Crimes*, Durham: Duke University Press 2016, S. 43–80.

12 Yoko Kawashima Watkins: 요코이야기, übers. v. Yun Hyeonju, Seoul: Munhakdongne 2005. Das ursprünglich auf Englisch verfasste Buch (*So Far From the Bamboo Grove*) erschien zuerst 1986 in New York.

13 Ara Takashi (Hrsg.): 日本占領 外交關係資料集 [Diplomatische Aufzeichnungen über die japanische Besatzung], Bd. 3, Tokio: Kashiwa shobō 1991, S. 304; zit. in: Lori Watt: *When Empire Comes Home: Repatriation and Reintegration in Postwar Japan*, Cambridge: Harvard University Press 2009, S. 2, 39. Zwischen 1945 und 1948 sind 110 000 Vertriebene aus der Mandschurei und 17 690 Rücksiedler von der koreanischen Halbinsel ums Leben gekommen. Siehe Yamata Yōko: 図説 満洲–日本人の足跡をたどる [Spuren der Japaner in der Mandschurei – eine illustrierte Geschichte], Osaka: Umeda Shuppan 2011, S. 80–98.

14 Die von Nana Mizushima verantwortete englische Übersetzung dieser Erzählung ist unter dem Titel *Tei: A Memoir of the End of War and Beginning of Peace* (o. O.: Tonnbo Books 2014) erschienen.

15 Yoon Sang In: »수난담의 유혹 [Verlockende Geschichten vom Leiden]«, in: *Bipyung*, 15 (Sommer 2007), S. 177–202, hier S. 197 f.

16 Ich selbst habe zwei sehr unterschiedliche Tageszeitungen abonniert, nämlich die konservative *Chosun* und die liberale *Kyunghyang*, deren jeweilige Berichterstattung und Meinungssektion ich miteinander vergleiche. Ich erinnere mich noch lebhaft an jenen Morgen, als sich beide Zeitungen unisono auf Yoko Kawashima Watkins' Novelle stürzten. Da das für mich mehr als überraschend kam, entwickelte ich großes Interesse an der Novelle und ihrer Rezeption in den koreanischen Medien. Kang Youngsoo: »›한국인이 일 소녀 강간‹미 교재 파문 확산« [Koreaner vergewaltigen ein japanisches Mädchen], in: *Chosun ilbo online*, 17. Januar 2007, {https://www.chosun.com/site/data/html_dir/2007/01/17/2007011700119.html} und {https://www.chosun.com/site/data/html_dir/2007/01/17/2007011700765.html}; Kim Yongsuk/Kim Jaemoon: »›요코이야기‹美교재사용파문확산« [Eine skandalöse amerikanische Lektüreliste – Yokos Erzählung], in: *Kyunghyang shinmun online*, 17. Januar 2007, {http://news.khan.co.kr/kh_news/khan_art_view.html?artid=200701171812301&code=970201} und {http://news.khan.co.kr/kh_news/khan_art_view.html?artid=200701171342061&code=970100}.

17 »Controversial Book to Remain in Classes«, in: *Boston.com*, 3. Januar 2007, {http://archive.boston.com/news/local/massachusetts/articles/2007/01/03/controversial_book_to_remain_in_classes/}.

18 Lee Gichang: »지영선인터뷰:요코이야기는인종차별, 논리적대처필요« [Interview mit Ji Youngsun: Rassismus in Yokos Erzählung], in: *Yonhaptongshin online*, 17. Januar 2017.

19 Choi Woosuk: »일본 역사왜곡 소설, 미국 중학교재로 사용« [Eine japanische Novelle verzerrt die Geschichte], in: *Chosun ilbo*, 18. Januar 2007, {https://www.chosun.com/site/data/html_dir/2007/01/18/2007011800085.html}; Choi Woosuk: »잘못된 요코이야기 못 배 운다« [Von Yoko werde ich nichts lernen], in: *Chosun ilbo*, 19. Januar 2007, {https://www.chosun.com/site/data/html_dir/2007/01/19/2007011900855.html}.

20 In ähnlicher Weise benutzten Angehörige der chinesischen Diaspora in den USA das Massaker von Nanjing, um ihre ethnische Identität zu stärken. Viele amerikanische Juden halten ebenso am unantastbaren Status des Holocaust als Grundlage ihrer Identität fest. Siehe Joshua A. Fogel: »Introduction: The Nanjing Massacre in History«, in: *The Nanjing Massacre in History and Historiography*, hrsg. v. Joshua A. Fogel, Berkeley: University of California Press 2000, S. 1–9, hier S. 3. Dies wirft die Frage auf, ob die Opferidentität eine tragende Säule für jenen Nationalismus ist, der aus großer Distanz von in den USA lebenden Diaspora-Gemeinschaften vertreten wird.

21 Lisa Yoneyama: »아시아계 미국인과 일본의 전쟁범죄« [Asiatischstämmige Amerikaner und Japans Kriegsverbrechen], Vortrag beim 4. Symposium der Stiftung Korea-Japan Solidarity 21, 14. Juli 2007.

22 Kundenrezensionen von *So Far From the Bamboo Grove*, Amazon.com, abgerufen am 13. April 2007, {https://www.amazon.com/hz/reviews-render/lighthouse/1435246020?pageNumber=4}.

23 Martha Parravano: »For Intermediate Readers – *Year of Impossible Goodbyes* by Sook Nyul Choi«, in: *Horn Book Magazine* 68, Nr. 1 (Januar 1992), S. 69.

24 Je Boon Yu: »제국의 혼동과 고통의 분담 -탈식민페미니즘의 관점에서 본 『요코 이야기』와 『떠나보낼 수 없는 세월« [Anarchie des Imperiums und Empathie des Leidens: Die Lektüre von *So Far From the Bamboo Grove* und Year of Impossible Goodbyes aus der Sicht des postkolonialen Feminismus], in: *Journal of English Language and Literature* 58, Nr. 1 (2012), S. 163–184.

25 »So far away from bamboo grove«, Kundenrezension auf amazon.co.jp, abgerufen am 16. Januar 2020.

26 »박의장, 청경우독을 남기고« [Vorsitzender Park drängt zu sorgfältiger Durchführung der Studie], *Kyunghyang shinmun*, Nr. 3, 10. Februar 1962; »만평개간한 농사혁명« [Über die Agrarrevolution], *Kyunghyang shinmun*, Nr. 3, 10. Februar 1962; »박정희 의장 눈감고 기도« [Vorsitzender Park beim Gebet], *Dong-A ilbo*, Nr. 3, 10. Februar 1962; »농촌을 위한 박의장의 지시를 보고« [Über die Vorgaben des Vorsitzenden Park für ländliche Gemeinden], *Kyunghyang shinmun*, Nr. 3, 11. Februar 1962. Siehe auch meinen in diesem Band abgedruckten Essay »Kartierung der Massendiktatur«.

27 Werner Weinberg: *Self-Portrait of a Holocaust Survivor*, Jefferson: McFarland 1985, S. 152.

28 Idith Zertal: *From Catastrophe to Power: Holocaust Survivors and the Emergence of Israel*, Berkeley: University of California Press 1998, S. 217.

29 Ebd., S. 221.

30 Ebd., S. 263.

31 Ilan Pappe: »Critique and Agenda: The Post-Zionist Scholars in Israel«, in: *History and Memory* 7, Nr. 1, Sonderheft »Israeli Historiography Revisited« (Frühling – Sommer 1995), S. 66–90, hier S. 72. Auch der in Korea geführte nationalistische Diskurs über die Trostfrauen beruht im Wesentlichen auf einer sexistischen Rekonstruktion der Geschichte.

32 Alan Mintz: *Popular Culture and the Shaping of Holocaust Memory in America*, Seattle: University of Washington Press 2001, S. 5.

33 Zit. in Peter Novick: *Nach dem Holocaust. Der Umgang mit dem Massenmord*, übers. v. Irmela Arnsperger/Boike Rehbein, Stuttgart/München: Deutsche Verlags-Anstalt 2001, S. 165 f.

34 Ebd., S. 158.

35 Ebd., S. 125, 135, 159, 165 f., passim.

36 Mintz: *Popular Culture*, S. 6. Siehe auch Alvin H. Rosenfeld: *The Americanization of the Holocaust*, Ann Arbor: Jean and Samuel Frankel Center for Judaic Studies, University of Michigan 1995; Hilene Flanzbaum (Hrsg.): *The Americanization of the Holocaust*, Baltimore: Johns Hopkins University Press 1999; Henry L. Feingold: *Bearing Witness: How America and Its Jews Responded to the Holocaust*, Syracuse: Syracuse University Press 1995.

37 Dan Diner: »Cumulative Contingency: Historicizing Legitimacy in Israeli Discourse«, in: *History and Memory* 7, Nr. 1, Sonderheft »Israeli Historiography Revisited« (Frühling – Sommer 1995), S. 147–170, hier S. 153.

38 Yael Zerubavel: »The Death of Memory and the Memory of Death: Masada and the Holocaust as Historical Metaphors«, in: *Representations*, Nr. 45 (Winter 1994), S. 72–100, hier S. 80 f.

39 Yael Zerubavel: »The Death of Memory and the Memory of Death: Masada and the Holocaust as Historical Metaphors«, in: Representations 45 (Winter, 1994), S. 74–78.

40 Michael Warschawski: *An der Grenze*, übers. v. Barbara Heber-Schärer, Hamburg: Edition Nautilus 2004, S. 175 f.

41 Tom Segev: *Die siebte Million. Der Holocaust und Israels Politik der Erinnerung*, übers. v. Jürgen Peter Krause/Maja Ueberle-Pfaff, Reinbek: Rowohlt 1995, S. 476.

42 Ebd., S. 512.

43 Ebd., S. 672.

44 Diner: »Cumulative Contingency«, S. 155 ff.

45 Novick: *Nach dem Holocaust*, S. 208; Segev: *Die siebte Million*, S. 435, 525.

46 Für eine hervorragende Analyse des Diskurses um die Einzigartigkeit des Holocaust siehe Alan S. Rosenbaum (Hrsg.): *Is the Holocaust Unique? Perspectives on Comparative Genocide*, 2. Aufl., Boulder: Westview Press 2001.

47 Zit. in Warschawski: *An der Grenze*, S. 177.
48 Polonsky/Michlic: »Introduction«, S. 39; Jan T. Gross: *Neighbors: The Destruction of the Jewish Community in Jedwabne, Poland*, New York: Penguin Books 2002, S. 120.
49 Gross: *Neighbors*, S. 123.
50 Zit. in Joshua D. Zimmerman, »Introduction: Changing Perceptions in the Historiography of Polish-Jewish Relations during the Second World War«, in: *Contested Memories: Poles and Jews during the Holocaust and Its Aftermath*, hrsg. v. Joshua D. Zimmerman, New Brunswick: Rutgers University Press 2003, S. 1–16, hier S. 9.
51 Es ist bezeichnend, dass in einer 2004 durchgeführten landesweiten Umfrage 40 Prozent der Befragten angaben, dass Polen immer noch von Juden regiert werde. Siehe Jan T. Gross: *Angst. Antisemitismus nach Auschwitz in Polen*, übers. v. Friedrich Griese, unter Mitarbeit von Ulrich Heiße, Berlin: Suhrkamp 2012, S. 71.
52 Jie-Hyun Lim: »Nationalist Message in Socialist Code: On Court Historiography in People's Poland and North Korea«, in: *Making Sense of Global History*, hrsg. v. Sølvi Sogner, Oslo: Universitetsforlaget 2001, S. 373–380.
53 Barbara Engelking-Boni: »Psychological Distance between Poles and Jews in Nazi-Occupied Warsaw«, in: Zimmerman (Hrsg.): *Contested Memories*, S. 47–53, hier S. 48.
54 Symptomatisch dafür ist etwa, dass es in der Volksrepublik Polen nicht erlaubt war, Władysław Szpilmans Memoiren mit dem Titel *Der Pianist* zu verlegen, da dieses Buch den falschen Eindruck vermitteln könne, dass den polnischen Juden mehr Leid als den ethnischen Polen widerfahren sei.
55 Michael C. Steinlauf: »Teaching about the Holocaust in Poland«, in: Zimmerman (Hrsg.): *Contested Memories*, S. 262–270, hier S. 264.
56 Ebd., S. 265 f.
57 Witold Kula: *Rozdziałki*, Warschau: Wydawnictwo Trio 1996, S. 213.
58 Jan Błoński: »Die armen Polen blicken aufs Getto«, in: *Polen zwischen Ost und West. Polnische Essays des 20. Jahrhunderts. Eine Anthologie*, hrsg. v. Marek Klecel, Frankfurt a. M.: Suhrkamp, 1995, S. 76–93.
59 Hanna Świda-Ziemba: »The Shortsightedness of the Cultured«, in: Polonsky/Michlic (Hrsg.): *The Neighbors Respond*, S. 103–113, hier S. 103.
60 »Interview with the Primate of Poland, Cardinal Józef Glemp, on the Murder of Jews in Jedwabne, 15 May 2001«, in: Polonsky/Michlic (Hrsg.): *The Neighbors Respond*, S. 166–172, hier S. 167.
61 Gross: *Angst*, S. 246.
62 Adam Michnik: »Poles and the Jews: How Deep the Guilt?«, in: Polonsky/Michlic (Hrsg.): *The Neighbors Respond*, S. 434–439, hier S. 435.
63 Gross: *Angst*, S. 210 ff.
64 W. Wierzewski: »We Don't Know the Facts Yet«, Kundenrezension von

Neighbors, Amazon.com, 14. November 2001, {https://www.amazon.com/review/RGCUHDPXATM1F/ref=cm_cr_srp_d_rdp_perm?ie= UTF8&ASIN=0142002402}.

65 »Gespräch zwischen Micha Brumlik und Karol Sauerland«, in: *Umdeuten, verschweigen, erinnern: die späte Aufarbeitung des Holocaust in Osteuropa*, hrsg. v. Micha Brumlik/Karol Sauerland, Frankfurt a. M.: Campus 2010, S. 7–15, hier S. 8, 11.

66 Hannah Arendt: *Besuch in Deutschland*, übers. v. Eike Geisel, Berlin: Rotbuch Verlag 1993, S. 25 f.

67 Jie-Hyun Lim: »Victimhood«, in: *The Palgrave Handbook of Mass Dictatorship*, hrsg. v. Paul Corner/Jie-Hyun Lim, London: Palgrave Macmillan 2016, S. 427–444.

68 James J. Orr: *The Victim as Hero: Ideologies of Peace and National Identity in Postwar Japan*, Honolulu: University of Hawai'i Press 2001, S. 1.

69 Novick: *Nach dem Holocaust*, S. 112.

70 John W. Dower: »An Aptitude for Being Unloved: War and Memory in Japan«, in: *Crimes of War: Guilt and Denial in the Twentieth Century*, hrsg. v. Omer Bartov/Atina Grossmann/Mary Nolan, New York: New Press 2002, S. 217–241, hier S. 226.

71 Ebd., S. 228.

72 Zit. in Orr: *The Victim as Hero*, S. 16.

73 Ebd., S. 7, 14 f., 32.

74 Ebd., S. 32.

75 Ian Buruma: *Erbschaft der Schuld. Vergangenheitsbewältigung in Deutschland und Japan*, übers. v. Klaus Binder/Jeremy Gaines, Reinbek: Rowohlt 1996, S. 117–125.

76 Orr: *The Victim as Hero*, S. 52.

77 Lisa Yoneyama: *Hiroshima Traces: Time, Space, and the Dialectics of Memory*, Berkeley: University of California Press 1999, S. 1 ff.

78 Tessa Morris-Suzuki: *The Past within Us: Media, Memory, History*, London/New York: Verso 2005, S. 90–96.

79 Evan Burr Bukey: *Hitler's Austria: Popular Sentiment in the Nazi Era 1938–1945*, Chapel Hill: University of North Carolina Press 2000, S. 43.

80 Vgl. Jie-Hyun Lim: »A Postcolonial Reading of *Sonderwege*: Marxist Historicism Revisited«, in: ders.: *Global Easts*, S. 129–150.

81 Bill Niven: »Introduction: German Victimhood at the Turn of the Millennium«, in: *Germans as Victims. Remembering the Past in Contemporary Germany*, hrsg. v. Bill Niven, Basingstoke: Palgrave Macmillan 2006, S. 1–25, hier S. 16.

82 Günther Grass: *Im Krebsgang*, Göttingen: Steidl 2002.

83 Stefan Berger: »On Taboos, Traumas and Other Myths«, in: *Germans as Victims*, S. 210–224, hier S. 219 f.

84 Robert G. Moeller: »War Stories: The Search for a Usable Past in the Federal

Republic of Germany«, in: *American Historical Review* 101, Nr. 4 (Oktober 1996), S. 1008–1048, hier S. 1026 f., vgl. auch S. 1013 und S. 1017.

85 Berger: »On Taboos«, S. 215.

86 Bartosz T. Wieliński: »Czego żąda Powiernictwo Pruskie« [Was die Preußische Treuhandschaft fordert], in: *Gazeta Wyborcza*, 19. Dezember 2006.

87 Jan M. Piskorski: *Vertreibung und deutsch-polnische Geschichte. Eine Streitschrift*, Osnabrück: Fibre Verlag 2005, S. 37, 42 ff.

88 »Steinbach: Polski rząd jak niemieccy neofaszyści« [Steinbach: Polnische Regierung wie deutsche Neofaschisten], in: *Gazeta Wyborcza*, 7. März 2007.

89 Paul Corner: »Fascist Italy in the 1930s: Popular Opinion in the Provinces«, in: *Popular Opinion in Totalitarian Regimes: Fascism, Nazism, Communism*, hrsg. v. Paul Corner, Oxford: Oxford University Press 2009, S. 122–148, hier S. 122 f.

90 David Engel: »Introduction to the Hebrew Edition of *Neighbors*«, in: Polonsky/Michlic (Hrsg.): *The Neighbors Respond*, S. 408–413, hier S. 413.

91 Michnik: »Poles and the Jews«, S. 435.

Postkoloniale Reflexionen über das mnemonische Zusammentreffen von Holocaust, stalinistischen Verbrechen und Kolonialismus

1 Vgl. Jie-Hyun Lim: »The Second World War in Global Memory Space«, in: ders.: *Global Easts: Remembering, Imagining, Mobilizing*, New York: Columbia University Press 2022, S. 59–91.

2 Daniel Levy/Natan Sznaider: »Memory Unbound: The Holocaust and the Formation of Cosmopolitan Memory«, in: *European Journal of Social Theory* 5, Nr. 1 (2002), S. 87–106; Daniel Levy/Natan Sznaider: *Erinnerung im globalen Zeitalter: Der Holocaust*, Frankfurt a. M.: Suhrkamp 2001.

3 Siehe Richard C. Lukas: *Forgotten Holocaust: The Poles under German Occupation 1939–1944*, New York: Hippocrene Books 2005; Tadeusz Piotrowski: *Poland's Holocaust: Ethnic Strife, Collaboration with Occupying Forces and Genocide in the Second Republic, 1918–1947*, Jefferson: McFarland 1998.

4 Lukas: *Forgotten Holocaust*, S. 34 f.

5 Amos Goldberg: »Ethics, Identity, and Antifundamental Fundamentalism: Holocaust Memory in the Global Age«, in: *Marking Evil: Holocaust Memory in the Global Age*, hrsg. v. Amos Goldberg/Haim Hazan, New York: Berghahn Books 2015, S. 3–29, hier S. 20 f.; und Haim Hazan: »Globalization versus Holocaust«, in: ebd., S. 30–44, hier S. 31.

6 Michael Rothberg: »From Gaza to Warsaw: Mapping Multidirectional Memory«, in: *Criticism* 53, Nr. 4 (2011), S. 523–548, hier S. 535.

7 Julia Lange/Marius Henderson: »Introduction«, in: *Entangled Memories: Remembering the Holocaust in a Global Age*, hrsg. v. Marius Henderson/Julia Lange, Heidelberg: Universitätsverlag Winter 2017, S. 3–18, hier S. 8.

8 Giorgio Agamben: *Homo sacer. Die souveräne Macht und das nackte Leben*, übers. v. Hubert Thüring, Frankfurt a. M.: Suhrkamp 2002.

9 Ward Churchill: »An American Holocaust: The Structure of Denial«, in: *Socialism and Democracy* 17, Nr. 1 (2003), S. 25–75, hier S. 26. Churchills Artikel mutet mehr wie ein Manifest als wie eine wissenschaftliche Arbeit an. Für nuanciertere Auseinandersetzungen mit der Frage, ob und inwieweit Genozide an indigenen Völkern mit dem Holocaust vergleichbar sind, siehe Steven T. Katz: »Comparing Causes of Death in the Holocaust with the Tragedy of the Indigenous Peoples of Spanish America: The View of David E. Stannard«, in: *Journal of Genocide Research* 22, Nr. 3 (2020), S. 373–390; David E. Stannard: »True Believer: The Uniqueness of Steven T. Katz«, in: *Journal of Genocide Research* 22, Nr. 3 (2020), S. 391–409. Zur Frage der Vergleichbarkeit von Sklaverei und Holocaust siehe Jan Burzlaff: »The Holocaust and Slavery? Working towards a Comparative History of Genocide and Mass Violence«, in: *Journal of Genocide Research* 22, Nr. 3 (2020), S. 354–366; Steven T. Katz: »Response to Jan Burzlaff's Review of Steven T. Katz, *The Holocaust and New World Slavery*«, in: *Journal of Genocide Research* 22, Nr. 3 (2020), S. 367–372. Siehe auch A. Dirk Moses: »Conceptual Blockages and Definitional Dilemmas in the ›Racial Century‹: Genocides of Indigenous Peoples and the Holocaust«, in: *Patterns of Prejudice* 36, Nr. 4 (2020), S. 7–36; Roberta Pergher/Mark Roseman/Jürgen Zimmerer/Shelley Baranowski/Doris L. Bergen/Zygmunt Bauman: »The Holocaust: A Colonial Genocide? A Scholars' Forum«, in: *Dapim: Studies on the Holocaust* 27, Nr. 1 (2013), S. 40–73.

10 A. Dirk Moses: »The Holocaust and World History. Raphael Lemkin and Comparative Methodology«, in: *The Holocaust and Historical Methodology*, hrsg. v. Dan Stone, New York: Berghahn Books 2012, S. 272–289, hier S. 273.

11 Ian Buruma: *Erbschaft der Schuld. Vergangenheitsbewältigung in Deutschland und Japan*, übers. v. Klaus Binder/Jeremy Gaines, Reinbek: Rowohlt 1996, S. 117–141; Benoît Challand: »1989, Contested Memories and the Shifting Cognitive Maps of Europe«, in: *European Journal of Social Theory* 12, Nr. 3 (2009), S. 397–408; Martin Krygier: »Letter from Australia. Neighbors: Poles, Jews and the Aboriginal Question«, in: *East Central Europe* 29, Nr. 1–2 (2002), S. 297–309; Shirli Gilbert: »Anne Frank in South Africa: Remembering the Holocaust during and after Apartheid«, in: *Holocaust and Genocide Studies* 26, Nr. 3 (2012), S. 366–393; William F. S. Miles: »Indigenization of the Holocaust and the Tehran Holocaust Conference: Iranian Aberration or Third World Trend?«, in: *Human Rights Review* 10, Nr. 4 (2008), S. 505–519; Dariusz Stola: »Anti-Zionism as a Multipurpose Policy Instrument: The Anti-Zionist Campaign in Poland, 1967–1968«, in: *Journal of Israeli History* 25, Nr. 1 (März 2006), S. 175–201, hier S. 183, 191; *Journal of Genocide Research* 20, Nr. 4 (2018), Sonderheft »The Holocaust/Genocide Template in Eastern Europe«.

12 Alon Confino: »The Holocaust as a Symbolic Manual: The French Revolution,

the Holocaust, and Global Memories«, in: Goldberg/Hazan (Hrsg.): *Marking Evil*, S. 56–69, hier S. 56.

13 Hagai El-Ad: »Netanyahu Exploits the Holocaust to Brutalize the Palestinians«, in: *Haaretz*, 23. Januar 2020, {https://www.haaretz.com/israel-news/.premium-netanyahu-exploits-the-holocaust-to-brutalize-the-palestinians-1.8437715/}.

14 Tom Segev: *Die siebte Million: Der Holocaust und Israels Politik der Erinnerung*, übers. v. Jürgen Peter Krause/Maja Ueberle-Pfaff, Reinbek: Rowohlt 1995, S. 525 ff.; Peter Novick: *Nach dem Holocaust. Der Umgang mit dem Massenmord*, übers. v. Irmela Arnsperger/Boike Rehbein, Stuttgart/München: Deutsche Verlags-Anstalt 2001, S. 208.

15 Jean-Marc Dreyfus/Marcel Stoetzler: »Holocaust Memory in the Twenty-first Century: Between National Reshaping and Globalisation«, in: *European Review of History* 18, Nr. 1 (Februar 2011), S. 69–78, hier S. 74 f.; Novick: *Nach dem Holocaust*, S. 305 f.

16 Jay Michaelson: »Why Ben Carson's Rant about Gun Control and the Holocaust Is So Dangerous«, in: *Forward*, 9. Oktober 2015, {https://forward.com/opinion/national/322394/why-we-shouldnt-ignore-ben-carsons-rant-about-gun-control-and-the-holocaust/}.

17 Levy/Sznaider: »Memory Unbound«, S. 99.

18 Hier muss ebenso erwähnt werden, dass die Kosmopolitisierung des Holocaust notwendigerweise ein Gegenstück hat, nämlich die »Dekosmopolitisierung« oder »Renationalisierung« deutscher Identität. Siehe Stephen Welch/Ruth Wittlinger: »The Resilience of the Nation State: Cosmopolitanism, Holocaust Memory and German Identity«, in: *German Politics and Society* 29, Nr. 3 (2011), S. 38–54.

19 A. Dirk Moses: »Genocide and the Terror of History«, in: *Parallax* 17, Nr. 4 (2011), S. 90–108, hier S. 91.

20 Vgl. Lea David: »Holocaust Discourse as a Screen Memory: The Serbian Case«, in: *History and Politics in the Western Balkans: Changes at the Turn of the Millennium*, hrsg. v. Srđan M. Jovanović/Veran Stančetić, Belgrad: Center for Good Governance Studies 2013, S. 63–87.

21 Jelena Subotić: *Yellow Star, Red Star: Holocaust Remembrance after Communism*, Ithaca: Cornell University Press 2019, S. 5–11.

22 Zur Nationalisierung des Holocaust-Gedenkens in anderen osteuropäischen Ländern siehe Micha Brumlik/Karol Sauerland (Hrsg.): *Umdeuten, verschweigen, erinnern: die späte Aufarbeitung des Holocaust in Osteuropa*, Frankfurt a. M.: Campus 2010; Aro Velmet: »Occupied Identities: National Narratives in Baltic Museums of Occupations«, in: *Journal of Baltic Studies* 42, Nr. 2 (2011), S. 189–211.

23 Jan T. Gross: »Die Osteuropäer haben kein Schamgefühl«, in: *Die Welt*, 13. September 2015, {https://www.welt.de/debatte/kommentare/article146355392/Die-Osteuropaeer-haben-kein-Schamgefuehl.html}.

24 Siobhan Kattago: »Agreeing to Disagree on the Legacies of Recent History: Memory, Pluralism and Europe after 1989«, in: *European Journal of Social Theory* 12, Nr. 3 (2009), S. 375–395, hier S. 382; Martin Evans: »Memories, Monuments, Histories: The Re-thinking of the Second World War since 1989«, in: *National Identities* 8, Nr. 4 (Dezember 2006), S. 317–348, hier S. 320.

25 »Dyskusja: czy to nasza sprawa?« [Diskussion: Ist das unsere Sache?], in: *Więź*, Nr. 662 (2015), S. 36–46.

26 Bartosz T. Wieliński: »›Polska nie chce uchodźców, bo nie rozliczyła się ze zbrodni na Żydach.‹ Oburzenie po tekście Grossa« [»Polen will keine Flüchtlinge, weil es seine Verbrechen an den Juden nicht aufgearbeitet hat. Empörung nach Gross' Text«], in: *Wyborcza.pl*, 15. September 2015, {http://wyborcza.pl/1,75968,18817369,skandalista-gross.html}; Aleksander Smolar: »Smolar: Gross szokuje« [Smolar: Gross-Schocks], in: *Wyborcza.pl*, 16. September 2015, {http://wyborcza.pl/1,75968,18824173,smolar-gross-szokuje.html}.

27 Ich denke weiterhin über die Möglichkeit nach, das Konzept des »subalternen Imperiums« auf die polnisch-litauische Republik und auf das Polen der Zwischenkriegszeit zu übertragen. Siehe Viatcheslav Morozov: »Subaltern Empire? Toward a Postcolonial Approach to Russian Foreign Policy«, in: *Problems of Post-Communism* 60, Nr. 6 (November – Dezember 2013), S. 16–28; Jordan Sand: »Subaltern Imperialists: The New Historiography of the Japanese Empire«, in: *Past and Present*, Nr. 225/1 (November 2014), S. 273–288.

28 Lucy Mayblin/Aneta Piekut/Gill Valentine: »›Other‹ Posts in ›Other‹ Places: Poland through a Postcolonial Lens?«, in: *Sociology* 50, Nr. 1 (Februar 2016), S. 60–76, hier S. 66; Larry Wolff: *Inventing Eastern Europe: The Map of Civilization on the Mind of the Enlightenment*, Stanford: Stanford University Press 1994, S. 9; Jerzy Jedlicki: *A Suburb of Europe: Nineteenth-Century Polish Approaches to Western Civilization*, Budapest: Central European University Press 1999, S. xiii.

29 Janusz Pajewski: *Budowa Drugiej Rzeczypospolitej 1918–1926* [Pajewski: Der Aufbau der Zweiten Polnischen Republik 1918–1926], Krakau: Polskiej Akademii Umiejętności 1995, S. 164.

30 Anshel Pfeffer: »In New Battle over Auschwitz Legacy, Poland Falls Victim to Holocaust Geopolitics«, in: *Haaretz*, 22. Januar 2020, {https://www.haaretz.com/israel-news/.premium-auschwitz-75-years-israel-yad-vashem-poland-victim-holocaust-geopolitics-putin-1.8432285}; Ofer Aderet: »The Dirty Politics behind Israel's Capitulation to Putin's WWII Revisionism«, in: *Haaretz*, 16. Januar 2020, {https://www.haaretz.com/israel-news/.premium-the-dirty-politics-behind-israel-s-capitulation-to-putin-s-wwii-revisionism-1.8406565}.

31 Siehe dazu die Eindrücke von Malika Abdoulvakhabova, einer tschetschenischen Geflüchteten in Polen: »Dyskusja: czy to nasza sprawa?« [Diskussion: Ist das unsere Sache?], S. 36, 38, 39.

32 Dies steht in deutlichem Kontrast zum sozialistischen Postkolonialismus in der Volksrepublik Polen, wo Aimé Césaires Klassiker *Discours sur le colonialisme* unmittelbar nach seinem Erscheinen im Jahr 1950 ins Polnische übersetzt wurde. Siehe Adam F. Kola: *Socjalistyczny postkolonializm: Rekonsolidacja pamięci* [Sozialistischer Postkolonialismus: Rekonsolidierung der Erinnerung], Toruń: NCU Press 2018.

33 Jürgen Zimmerer: »Die Geburt des ›Ostlandes‹ aus dem Geiste des Kolonialismus: Die nationalsozialistische Eroberungs- und Beherrschungspolitik in (post)kolonialer Perspektive«, in: *Sozial.Geschichte* 19, Nr. 1 (2004), S. 10–43; Benjamin Madley: »From Africa to Auschwitz: How German South West Africa Incubated Ideas and Methods Adopted and Developed by the Nazis in Eastern Europe«, in: *European History Quarterly* 35, Nr. 3 (2005), S. 429–464; Enzo Traverso: *The Origins of Nazi Violence*, New York: New Press 2003; Robert Gerwarth/Stephan Malinowski: »Der Holocaust als ›kolonialer Genozid‹? Europäische Kolonialgewalt und nationalsozialistischer Vernichtungskrieg«, in: *Geschichte und Gesellschaft* 33, Nr. 3 (2007), S. 439–466; A. Dirk Moses: »Empire, Colony, Genocide: Keywords and the Philosophy of History«, in: *Empire, Colony, Genocide. Conquest, Occupation, and Subaltern Resistance in World History*, hrsg. v. A. Dirk Moses, New York: Berghahn Books 2008, S. 3–54.

34 David Furber: »Near as Far in the Colonies: The Nazi Occupation of Poland«, in: *International History Review* 26, Nr. 3 (2004), S. 541–579, hier S. 541, 544, 549.

35 Ian Kershaw: *Hitler, 1936–1945*, übers. v. Klaus Kochmann, Stuttgart: Deutsche Verlags-Anstalt 2000, S. 584, 548, 342; Madley: »From Africa to Auschwitz «, S. 438.

36 Mark Mazower: *Der dunkle Kontinent. Europa im 20. Jahrhundert*, übers. v. Hans-Joachim Maass, Frankfurt a. M.: Fischer 2002, S. 12. Siehe auch Mark Mazower: *Hitlers Imperium. Europa unter der Herrschaft des Nationalsozialismus*, übers. v. Martin Richter, München: C. H. Beck 2011; Furber: »Near as Far in the Colonies«; Zimmerer: »Die Geburt des ›Ostlandes‹«; Madley: »From Africa to Auschwitz«; Mayblin/Piekut/Valentine: »›Other‹ Posts in ›Other‹ Places«.

37 Kristin Leigh Kopp: *Germany's Wild East: Constructing Poland as Colonial Space*, Ann Arbor: University of Michigan Press 2012, S. 78.

38 Dan Stone: »The Historiography of Genocide: Beyond ›Uniqueness‹ and Ethnic Competition«, in: *Rethinking History* 8, Nr. 1 (2004), S. 127–142, hier S. 133.

39 Zygmunt Bauman: *Dialektik der Ordnung. Die Moderne und der Holocaust*, übers. v. Uwe Ahrens, Hamburg: Europäische Verlags-Anstalt 2002, S. 11 f., 43, 166 f., passim.

40 Aimé Césaire: *Über den Kolonialismus*, übers. v. Heribert Becker, Berlin: Alexander Verlag 2017, S. 28 f.

41 Kola: *Socjalistyczny Postkolonializm*, S. 2 f.

42 István Deák: »Heroes and Victims«, in: *The Neighbors Respond: The Controversy over the Jedwabne Massacre in Poland*, hrsg. v. Antony Polonsky/Joanna B. Michlic, Princeton: Princeton University Press 2004, S. 421–429, hier S. 422.

43 W. E. B. Du Bois: »The Negro and the Warsaw Ghetto«, in: *The Oxford W. E. B. Du Bois Reader*, hrsg. v. Eric J. Sundquist, Oxford: Oxford University Press 1996, S. 469–473; Cedric J. Robinson: »Fascism and the Intersections of Capitalism, Racialism and Historical Consciousness«, in: *Humanities in Society* 3, Nr. 1 (Herbst 1983), S. 325–349.

44 Du Bois: »The Negro and the Warsaw Ghetto«, S. 470.

45 Paul Gilroy: *The Black Atlantic: Modernity and Double Consciousness*, London: Verso 1993, S. 207 f.

46 »Letter from Jewish Life to W. E. B. Du Bois, February 13, 1952«, W. E. B. Du Bois Papers (MS 312), Special Collections and University Archives, University of Massachusetts Amherst Libraries, {http://credo.library.umass.edu/view/full/mums312-b137-i103}.

47 Du Bois: »The Negro and the Warsaw Ghetto«, S. 471; siehe auch Lim: »The Second World War«.

48 Yuichiro Onishi: »The New Negro of the Pacific: How African Americans Forged Cross-Racial Solidarity with Japan, 1917–1922«, in: *Journal of African American History* 92, Nr. 2 (Frühjahr 2007), S. 191–213, hier S. 192 ff., 199.

49 Zu den Verbindungslinien zwischen Schwarzen und Asiaten siehe Bill Mullen: *Afro-Orientalism*, Minneapolis: University of Minnesota Press 2004; Yuichiro Onishi: *Trans-Pacific Antiracism: Afro-Asian Solidarity in 20th-Century Black America, Japan, and Okinawa*, New York: New York University Press 2013; Etsuko Taketani: *The Black Pacific Narrative: Geographic Imaginings of Race and Empire between the World Wars*, Hanover: Dartmouth College Press 2014.

50 William Pickens: »Reflections: ›White Supremacy‹ Is Dead«, in: *New York Amsterdam News*, 9. März 1932, S. 8; William Jones: »Day by Day: Japan Again Thumbs Nose«, in: *Afro-American*, 26. November 1932. Beide zit. in Taketani: *The Black Pacific Narrative*, S. 50.

51 Gilbert: »Anne Frank in South Africa«, S. 366, 374.

52 Otto Frank, der das Vermächtnis seiner Tochter Anne als Aufgabe verstand, Rassismus und Apartheid zu bekämpfen, protestierte gegen das Banner mit der Aufschrift »Nazism=Apartheid«, da beides nicht miteinander vergleichbar sei. Siehe Gilbert: »Anne Frank in South Africa«, S. 375.

53 Eve Rosenhaft: »Europe's Melancholias: Diasporas in Contention and the Unravelings of the Postwar Settlement«, in: *Mnemonic Solidarity: Global Interventions*, hrsg. v. Jie-Hyun Lim/Eve Rosenhaft, London: Palgrave Macmillan 2021, S. 45–72, hier S. 52.

54 Toshihisa Onishi: »Auschwitz Guide Works to Enlighten Japanese

Visitors«, in: *Japan Times*, 5. März 2015, {https://www.japantimes.co.jp/news/2015/03/05/national/history/auschwitz-guide-works-to-enlighten-japanese-visitors/#}.

55 Sakiko Masuda: »›Memory Keeper‹ Yumie Hirano to Visit Poland in May, Convey Survivors' Experiences of Atomic Bombing«, in: *Chugoku shimbun*, 18. April 2016, {http://www.hiroshimapeacemedia.jp/?p=59331}.

56 Tetsuro Konishi: »The Original Manuscript of Takashi Nagai's Funeral Address at a Mass for the Victims of the Nagasaki Atomic Bomb«, in: *Journal of Nagasaki University of Foreign Studies*, Nr. 18 (Dezember 2014), S. 55–67, hier S. 55, 58, 61.

57 Ebd., S. 58, 62.

58 Der als Anästhesist im 116. Evakuierungskrankenhaus der US-Militärs stationierte Dr. Wilsey schrieb in diesem Brief, dass »wir in einem albtraumhaften Holocaust waren (sind) … Ein Holocaust! Ein Holocaust nach dem anderen!« Siehe Steve Friess: »When ›Holocaust‹ Became ›The Holocaust‹«, in: *New Republic*, 18. Mai 2015, {https://newrepublic.com/article/121807/when-holocaust-became-holocaust}. Siehe auch Sean Warsch: »A ›holocaust‹ Becomes the Holocaust«, in: *Jewish Magazine* (Oktober 2006), {http://www.jewishmag.com/107mag/holocaustword/holocaustword.htm}; »John Petrie Investigates the Etymology of the Word ›Holocaust‹« (1999), {http://www.fpp.co.uk/Auschwitz/docs/HolocaustUsage.html}.

59 Emilio Gentile/Robert Mallett: »The Sacralisation of Politics: Definitions, Interpretations and Reflections on the Question of Secular Religion and Totalitarianism«, in: *Totalitarian Movements and Political Religions* 1, Nr. 1 (Sommer 2000), S. 18–55.

60 Siehe meinen Beitrag »Victimhood Nationalism in Contested Memories: National Mourning and Global Accountability«, in: *Memory in a Global Age: Discourses, Practices, and Trajectories*, hrsg. v. Aleida Assmann/Sebastian Conrad, Basingstoke: Palgrave Macmillan 2010, S. 138–162. Siehe auch den ersten in diesem Band abgedruckten Essay.

61 Buruma: *Erbschaft der Schuld*, S. 117–125; John W. Dower: »An Aptitude for Being Unloved: War and Memory in Japan«, in: *Crimes of War: Guilt and Denial in the Twentieth Century*, hrsg. Omer Bartov/Atina Grossmann/Mary Nolan, New York: New Press 2002, S. 217–241, hier S. 226.

62 Sadako Kurihara: »The Literature of Auschwitz and Hiroshima. Thoughts on Reading Lawrence Langer's *The Holocaust and the Literary Imagination*«, in: *Holocaust and Genocide Studies* 7, Nr. 1 (März 1993), S. 77–106, hier S. 86 f.

63 Rotem Kowner: »Tokyo Recognizes Auschwitz: The Rise and Fall of Holocaust Denial in Japan, 1989–1999«, in: *Journal of Genocide Research* 3, Nr. 2 (2001), S. 257–272, hier S. 257, 259, passim.

64 Ran Zwigenberg: »Never Again: Hiroshima, Auschwitz and the Politics of Commemoration«, in: *The Asia-Pacific Journal* 13, Heft 3, Nr. 3 (19. Januar

2015), S. 1–22. Siehe auch Ran Zwigenberg: *Hiroshima: The Origins of Global Memory Culture*, Cambridge: Cambridge University Press 2014.

65 »Pierwszy dzień wolności« [Erster Tag der Freiheit], in: *Dziennik Polski*, 29. Januar 1963.

66 Sebastian Conrad: »The Dialectics of Remembrance: Memories of Empire in Cold War Japan«, in: *Comparative Studies in Society and History* 56, Nr. 1 (Januar 2014), S. 4–33, hier S. 13, 17 f.

67 Zwigenberg: »Never Again«, S. 10 f.

68 Kenzaburō Ōe bezog sich dabei auf die Originalausgabe von *Hiroshima Nōto*, seinem ab 1963 verfassten Essayband zu Hiroshima, in dem er die Opfer in Korea und Okinawa nicht berücksichtigt habe. Siehe dazu das Vorwort zur englischen Ausgabe: *Hiroshima Notes*, übers. v. David L. Swain/Toshi Yonezawa, New York: Marion Boyars 1995, S. 9.

69 John W. Dower: »The Bombed: Hiroshimas and Nagasakis in Japanese Memory«, in: *Diplomatic History* 19, Nr. 2 (Frühjahr 1995), S. 275–295, hier S. 281.

70 James J. Orr: *The Victim as Hero: Ideologies of Peace and National Identity in Postwar Japan*, Honolulu: University of Hawai'i Press 2001, S. 52.

71 Lisa Yoneyama: *Hiroshima Traces: Time, Space, and the Dialectics of Memory*, Berkeley: University of California Press 1999, S. 25.

72 JTA: »Why Are the Japanese So Fascinated with Anne Frank?«, in: *Haaretz*, 22. Januar 2014, {https://www.haaretz.com/jewish/anne-frank-the-japanese-anime-1.5314070}.

73 Zu Maximilian Kolbe und den *hibakusha* von Nagasaki siehe Jie-Hyun Lim: »Critical Juxtaposition in the Post-war Japanese Mnemoscape: Saint Maksymilian Kolbe of Auschwitz and the Atomic Bomb Victims of Nagasaki«, in: *Memory and Religion from a Postsecular Perspective*, hrsg. v. Zuzanna Bogumił/Yuliya Yurchuk, London: Routledge 2022, S. 388–406.

74 Endō Shūsaku: »コルベ神父« [Pater Kolbe], Tokyo: Daishu-kan Bookstore 2018, S. 186.

75 Elaine Lies/Takashi Umekawa: »Japan PM Ex-adviser Praises Apartheid in Embarrassment for Abe«, in: *Reuters*, 13. Februar 2015, {https://www.reuters.com/article/us-japan-apartheid/japan-pm-ex-adviser-praises-apartheid-in-embarrassment-for-abe-idUSKBN0LH0M420150213}.

76 Philip Gabriel: *Spirit Matters: The Transcendent in Modern Japanese Literature*, Honolulu: University of Hawai'i Press 2006, S. 51.

77 Sono Ayako: *Miracles: A Novel*, übers. v. Kevin Doak, Portland: MerwinAsia 2016, S. 15, 63, 68, 101 f.

78 Jan Józef Lipski: »Ojciec Kolbe i Mały Dziennik« [Pater Kolbe und das kleine Tagebuch], in: *Tygodnik Powszechny*, Nr. 38 (1182), 19. September 1971.

79 Richard Cohen: »Sainthood«, in: *Washington Post*, 14. Dezember 1982, {https://www.washingtonpost.com/archive/local/1982/12/14/sainthood/89

9d8e06-3209-4fd6-90de-d6798f76ee57/}; Henry Kamm: »The Saint of Auschwitz Is Canonized by Pope«, in: *New York Times*, 11. Oktober 1982, {https://www.nytimes.com/1982/10/11/world/the-saint-of-auschwitz-is-canonized-by-pope.html}; David Binder: »Franciszek Gajowniczek Dead; Priest Died for Him at Auschwitz«, in: *New York Times*, 15. März 1995, {https://www.nytimes.com/1995/03/15/obituaries/franciszek-gajowniczek-dead-priest-died-for-him-at-auschwitz.html}; John Gross: »Life Saving«, in: *New York Review of Books*, 17. Februar 1983, {https://www.nybooks.com/articles/1983/02/17/life-saving/}; Daniel Schlafly/Warren Green/John Gross: »Kolbe and Anti-Semitism«, in: *New York Review of Books*, 14. April 1983, {https://www.nybooks.com/articles/1983/04/14/kolbe-anti-semitism-2/}.

80 *Rafu*-Redaktion: »Glendale Approves Comfort Women Memorial«, in: *Rafu Shimpo*, 15. Juli 2013, {http://www.rafu.com/2013/07/glendale-approves-comfort-women-memorial/}.

81 Chris McCormick: »Armenian Exceptionalism«, in: *The Atlantic*, 4. April 2016, {https://www.theatlantic.com/business/archive/2016/04/glendale-armenians/475926}.

82 *Rafu*-Redaktion: »Glendale Approves Comfort Women Memorial«.

83 »Past Exhibitions«, ReflectSpace Gallery, Glendale Central Library, {https://www.reflectspace.org/past-exhibits}.

84 Choe Sang-Hun: »South Korea Resists U.S. Pressure to Improve Ties with Japan«, in: *New York Times*, 15. November 2019, {https://www.nytimes.com/2019/11/15/world/asia/south-korea-japan-intelligence-sharing.html}.

85 Nikkei for Civil Rights and Redress, {http://www.ncrr-la.org/about.html}.

86 Brittany Levine: »Glendale Councilman Zareh Sinanyan Apologizes for Racist Postings«, in: *Los Angeles Times*, 1. Mai 2013, {http://articles.latimes.com/2013/may/01/local/la-me-ln-glendale-councilman-apologizes-20130501}.

87 Generalsekretär der KACE (Korean American Civic Empowerment) im Gespräch mit dem Autor, KACE-Büro, Flushing, New York, 4. Juli 2014.

88 Maki Kimura: *Unfolding the »Comfort Women« Debates: Modernity, Violence, Women's Voices*, Basingstoke: Palgrave Macmillan 2016, S. 6 ff.

89 Rumi Sakamoto: »The Women's International War Crimes Tribunal on Japan's Military Sexual Slavery: A Legal and Feminist Approach to the ›Comfort Women‹ Issue«, in: *New Zealand Journal of Asian Studies* 3, Nr. 1 (Juni 2001), S. 49–58, hier S. 49 f.

90 Judges of the Women's International War Crimes Tribunal on Japan's Military Sexual Slavery, »Transcript of Oral Judgment«, Den Haag, 4. Dezember 2001, {http://iccwomen.org/wigjdraft1/Archives/oldWCGJ/tokyo/summary.html}.

91 Carol Gluck: »What the World Owes the Comfort Women«, in: Lim/Rosenhaft (Hrsg.): *Mnemonic Solidarity*, S. 73–104, hier S. 79.

92 Esther Felden: »Freiburg und die Trostfrau«, in: *Deutsche Welle*, 21. September 2016, {http://www.dw.com/de/freiburg-und-die-trostfrau/a-19563885}.

93 Yi Minu: »염태영수원시장정대협특별상수상« [Bürgermeister Yeom erhält Ehrenpreis], in: *Newspeak*, 21. November 2016. {http://www.newspeak.kr/news/articleView.html?idxno=116422}.

94 Stefan Gruber: »›Trostfrau‹ mahnt zum Frieden«, in: *Mittelbayerische Zeitung*, 12. März 2017. Ich danke besonders Tanja Vaitulevich für den Hinweis auf diese bizarre Veranstaltung.

95 Hong Yong Duck: »경기도의회올해안에독도에평화의소녀상세우기로« [Provinzversammlung Gyeonggi-do beschließt die Errichtung einer Trostfrauen-Statue in Dokdo (dies der koreanische Name des Liancourt-Felsens) in diesem Jahr], in: *Hankyo-reh*, 16. Januar 2017, {http://www.hani.co.kr/arti/society/area/778893.html}.

96 Vgl. Michael Rothberg: *Multidirektionale Erinnerung. Holocaustgedenken im Zeitalter der Dekolonisierung*, übers. v. Max Henninger, Berlin: Metropol Verlag 2021.

97 Als der Europäische Gerichtshof am 17. Dezember 2017 urteilte, dass die Leugnung des Genozids an den Armeniern unter die Meinungsfreiheit fällt, wohingegen die Leugnung des Holocaust nicht durch die Meinungsfreiheit abgedeckt ist und einen Straftatbestand darstellt, war damit angedeutet, warum der Holocaust weiterhin den beliebtesten Hebel darstellt, um das Narrativ »unseres eigenen nationalen Leids« zu rechtfertigen. Siehe Ofer Aderet und Reuters: »European Court: Denying Armenian ›Genocide‹ Is No Crime«, in: *Haaretz*, 18. Dezember 2013, {https://www.haaretz.com/european-court-no-crime-to-deny-armenian-genocide-1.5301268}.

98 Jovan Byford: »When I Say ›The Holocaust‹ I Mean ›Jasenovac‹: Remembrance of the Holocaust in Contemporary Serbia«, in: *East European Jewish Affairs* 37, Nr. 1 (2007), S. 51–74.

99 Walter Benn Michaels: »Plots against America: Neoliberalism and Antiracism«, in: *American Literary History* 18, Nr. 2 (Sommer 2006), S. 288–302, hier S. 289 f.

100 Bauman: *Dialektik der Ordnung*, S. 11, 43.

101 Vgl. Siobhan Kattago: *Ambiguous Memory: The Nazi Past and German National Identity*, Westport: Praeger 2001, S. 56–62; Geoff Eley: »Nazism, Politics and the Image of the Past: Thoughts on the West German Historikerstreit 1986–1987«, in: *Past & Present*, Nr. 121 (November 1988), S. 171–208, hier S. 173.

102 Charles S. Maier: *The Unmasterable Past: History, Holocaust and German National Identity*, Cambridge: Harvard University Press 1997, S. 1.

103 Ebd., S. xii.

104 Eley: »Nazism, Politics and the Image of the Past«, S. 174.

105 Jan Grabowski: »Germany Is Fueling a False History of the Holocaust across Europe«, in: *Haaretz*, 22. Juni 2020, {https://www.haaretz.com/world-news/.premium-germany-is-fueling-a-false-history-of-the-holocaust-across-europe-1.8938137}.

106 Zur kritischen Nebeneinanderstellung von nicht notwendigerweise verbundenen Phänomenen siehe Susan Stanford Friedman: »Planetarity: Musing Modernist Studies«, in: *Modernism/Modernity* 17, Nr. 3 (September 2010), S. 471–499, hier S. 493 f.

Kartierung der Massendiktatur. Ansätze zu einer transnationalen Diktaturgeschichte des 20. Jahrhundert

1 Andrzej Paczkowski: »Czy historycy dokonali ›obrachunku‹ z PRL?« [Haben die Historiker eine »Abrechnung« mit der Volksrepublik Polen vollzogen?], in: *Ofiary czy Współwinni* [Opfer oder Komplizen], Warschau: Oficyna Wydawn. Volumen 1997, S. 13–29; Heeyeon Cho: »박정희 시대의 강압과 동 의-의 관계를 다시 생각한다« [Neubetrachtungen über Unterdrückung und Zustimmung in der Ära unter Park Chung-Hee], in: *Yŏksabipyung*, 67 (Sommer 2004), S. 135–190; Jie-Hyun Lim/San-grok Lee: »›대중독재‹와 ‘포스트 파시즘‹ -조희연 교수의 비판에 부쳐-« [Massendiktatur und Postfaschismus – Eine Replik auf die Kritik von Heeyeon Cho], in: *Yŏksabipyung*, 68 (Herbst 2004), S. 298–330.

2 Timothy Garton Ash: *Zeit der Freiheit. Aus den Zentren von Mitteleuropa*, übers. v. Susanne Hornfeck, München: Hanser 1999, S. 317. Das polnische Wort *współwinny* lässt sich in diesem Kontext zutreffender mit dem Wort »mitverantwortlich« übersetzen statt mit »mitschuldig«.

3 Adam Michnik: »Rozmowa z Vaclavem Havelem« [Interview mit Václav Havel], in: *Gazeta Wyborcza*, 30. November 1991.

4 Jie-Hyun Lim: »일상적 파시즘의 코드 읽기« [Den Code des Alltagsfaschismus entziffern], in: *Contemporary Criticism* (Seoul), 8 (Herbst 1999), S. 27–45; »파시즘의 진지전과 ›합의 독재‹« [Der Stellungskrieg der Faschisten und die Zustimmungsdiktatur], in: *Contemporary Criticism* (Seoul), 12 (Herbst 2000), S. 24–45.

5 Zu den *Lustracja*-Kontroversen in Polen und Südkorea siehe Piotr Grzelak: *Wojna o lustrację* [Krieg um die Lustration], Warschau: Trio 2005; Anhang zu 대중독재 II: 정치종교와 헤게모니 [Massendiktatur II: Politische Religion und Hegemonie], hrsg. v. Jie-Hyun Lim/Yong-Woo Kim, Seoul: Chaiksesang 2005, S. 401–596.

6 Der Franquismus wird oft als moderner Despotismus beschrieben, da er auf einem Bündnis von Konservativen und Militärs gründet, das keine Massenbeteiligung vorsieht. Von der Massendiktatur ist dieser moderne Despotismus insofern zu unterscheiden, als er nicht darauf abzielt, die Massen zu mobilisieren oder in ihr Privatleben einzudringen. Siehe dazu Salvador Giner: »Political Economy, Legitimacy and the State in Southern Europe«, in: *Uneven Development in Southern Europe*, hrsg. v. Ray Hudson/Jim Lewis, London: Methuen 1985, S. 309–350.

7 Zum Begriff der Zustimmungsdiktatur siehe Konrad H. Jarausch (Hrsg.): *Dictatorship as Experience: Towards a Socio-Cultural History of the GDR*, New York: Berghahn Books 1999; Robert Paxton: *Anatomie des Faschismus*, übers. v. Dietmar Zimmer, München: Deutsche Verlags-Anstalt 2004, S. 336 f.; Victoria de Grazia: *The Culture of Consent: Mass Organization of Leisure in Fascist Italy*, Cambridge: Cambridge University Press 1981, S. 3 ff.; Robert Gellately, *Backing Hitler: Consent and Coercion in Nazi Germany*, Oxford: Oxford University Press 2001; Patrick Colm Hogan: *The Culture of Conformism: Understanding Social Consent*, Durham: Duke University Press 2001; Robert Mallett: »Consent or Dissent?«, in: *Totalitarian Movements and Political Religions* 1, Nr. 2 (Herbst 2000), S. 27–46.

8 Vgl. David Blackbourn/Geoff Eley: *The Peculiarities of German History*, Oxford: Oxford University Press 1984; Ian Kershaw: *Der NS-Staat. Geschichtsinterpretationen und Kontroversen im Überblick*, übers. v. Jürgen Peter Krause, Reinbek: Rowohlt 2002, S. 34–38. Unter den Prämissen der Massendiktatur-Theorie weist der von Jürgen Kocka auf die DDR angewendete Begriff der »modernen Diktatur« tautologische Züge auf. Ausgehend vom hier skizzierten Ansatz lässt sich das DDR-Regime eher als »Fürsorgediktatur« beschreiben. Siehe dazu Konrad H. Jarausch: »Beyond Uniformity: The Challenge of Historicizing the GDR«, in: Jarausch (Hrsg.): *Dictatorship as Experience*, S. 3–16, und Jürgen Kocka: »The GDR: A Special Kind of Modern Dictatorship«, in: ebd., S. 17–26.

9 Es sei angemerkt, dass man in Deutschland Frankreich als eigenen vermeintlichen ›Westen‹ betrachtete, anderseits stellte es aus Sicht Frankreichs den ›Osten‹ dar. Dieser Aspekt zeigt sich auch in Nobert Elias' Untersuchung der Ko-Figuration von französischer »Zivilisation« und deutscher »Kultur«. Siehe dazu Nishikawa Nagao: 国境の越え方 [Wie man nationale Grenzen überquert], Tokyo: Heibonsha 2001, Kap. 6.

10 Im angloamerikanischen Raum deuten zeitgenössische Phänomene wie der Trumpismus und der Brexit darauf hin, dass der Populismus ein wesentlicher Bestandteil ›westlicher‹ Demokratien ist.

11 David Scott: *Conscripts of Modernity: The Tragedy of Colonial Enlightenment*, Durham: Duke University Press 2004, S. 4.

12 Zum ›Osten‹ und ›Westen‹ als imaginativer Geografie und zum Modell der Ko-Figuration von Osten und Westen siehe Edward W. Said: *Orientalismus*, übers. v. Hans Günter Holl, Frankfurt a. M.: S. Fischer 2009, S. 65–90; Naoki Sakai: *Translation and Subjectivity. On »Japan« and Cultural Nationalism*, Minneapolis: University of Minnesota Press 1997, S. 40–71.

13 Daniel Schoenpflugs Versuch, die vergleichende Geschichte totalitärer Bewegungen François Furets und Ernst Noltes im Rahmen einer Verflechtungsgeschichte zu erschließen, ist zwar anregend, stößt aber eindeutig auf Grenzen. Abgesehen von der Problematik der »linearen Kausalität« und »potenziellen Übersimplifizierung« in Noltes These von der »Herausforderung

durch die Bolschewisten und die Reaktion der Nazis« schien Furet es dabei zu belassen, Analogien zwischen den Jakobinern im Jahr 1793 und den Bolschewisten im Jahr 1917 herzustellen. Auch wenn Furet und Nolte einen Beitrag zur Verflechtungsgeschichte totalitärer Bewegungen geleistet haben, bleibt deren Vergleichsperspektive doch auf Europa beschränkt. Siehe Daniel Schoenpflug: »Histoires Croisées: François Furet, Ernst Nolte and a Comparative History of Totalitarian Movements«, in: *European History Quarterly* 37, Nr. 2 (2007), S. 265–290.

14 Scott: *Conscripts of Modernity*, S. 4–9.

15 Dominic Sachsenmaier: »Searching for Alternatives to Western Modernity – Cross-cultural Approaches in the Aftermath of the Great War«, in: *Journal of Modern European History* 4, Nr. 2 (2006), S. 241–260.

16 Harry D. Harootunian: *Overcome by Modernity: History, Culture, and Community in Interwar Japan*, Princeton: Princeton University Press 2000, S. X.

17 Zygmunt Bauman: *Dialektik der Ordnung. Die Moderne und der Holocaust*, übers. v. Uwe Ahrens, Hamburg: Europäische Verlags-Anstalt 2002, S. 11 f., 43, 166 f., passim.

18 Zu den Kontinuitäten von kolonialem Genozid und Holocaust siehe Jürgen Zimmerer: »Die Geburt des ›Ostlandes‹ aus dem Geiste des Kolonialismus: Die nationalsozialistische Eroberungs- und Beherrschungspolitik in (post-) kolonialer Perspektive«, in: *Sozial.Geschichte* 19, Nr. 1 (2004), S. 10–43; Benjamin Madley: »From Africa to Auschwitz: How German South West Africa Incubated Ideas and Methods Adopted and Developed by the Nazis in Eastern Europe«, in: *European History Quarterly* 35, Nr. 3 (2005), S. 429–464; Sven Lindquist: *»Exterminate All the Brutes«. One Man's Odyssey into the Heart of Darkness and the Origins of European Genocide*, New York: New Press 1996; Enzo Traverso: *The Origins of Nazi Violence*, New York: New Press 2003.

19 Robert Gerwarth/Stephan Malinowski: »Der Holocaust als ›kolonialer Genozid‹? Europäische Kolonialgewalt und nationalsozialistischer Vernichtungskrieg«, in: *Geschichte und Gesellschaft* 33, Nr. 3 (2007), S. 439–466, hier S. 445.

20 Karl Marx, *Das Kapital*, Bd. I, Berlin: Dietz Verlag 1962, S. 760.

21 Mark Mazower: *Der dunkle Kontinent. Europa im 20. Jahrhundert*, übers. v. Hans-Joachim Maass, Frankfurt a. M.: Fischer 2002, S. 12.

22 Benjamin Madley: »From Africa to Auschwitz«, S. 438; »Aufzeichnungen des persönlichen Referenten Rosenbergs Dr. Koeppen über Hitlers Tischgespräche 1941«, Bundesarchiv R6/34a, Fol. 28 (23. September 1941); Ian Kershaw: *Hitler, 1936–1945*, übers. v. Klaus Kochmann, Stuttgart: Deutsche Verlags-Anstalt 2000, S. 526.

23 Kershaw: *Hitler, 1936–1945*, S. 548.

24 Zygmunt Bauman: »Die Pflicht, nicht zu vergessen – aber was?«, übers. v. Hanne Herkommer, in: *Firma Topf & Söhne – Hersteller der Öfen für Auschwitz. Ein Fabrikgelände als Erinnerungsort?*, hrsg. v. Aleida Assmann/

Frank Hiddemann/Eckhard Schwarzenberger, Frankfurt a. M./New York: Campus 2002, S. 237–274, hier S. 243 ff.

25 Byung-Joo Hwang: »박정희체제의 지배담론과 대중의 국민화« [Der Diskurs um Herrschaft und Nationalisierung der Massen unter dem Park-Regime], in: 대중독재 I: 강제와동의사이에서 [Massendiktatur I: Zwischen Zwang und Zustimmung], hrsg. v. Jie-Hyun Lim/Yong-Woo Kim, Seoul: Chaiksesang 2004, S. 475–515.

26 Michael Mann: *Die dunkle Seite der Demokratie. Eine Theorie der ethnischen Säuberung*, übers. v. Werner Roller, Hamburg: Hamburger Edition 2007, S. 13.

27 Ebd., S. 109–165, 636–642.

28 Richard Shorten: »François Furet and Totalitarianism: A Recent Intervention in the Misuse of a Notion«, in: *Totalitarian Movements and Political Religions* 3, Nr. 1 (Sommer 2002), S. 1–34, hier S. 11; Jacob L. Talmon: *Die Ursprünge der totalitären Demokratie*, übers. v. Efrath B. Kleinhaus, Köln/Opladen: Westdeutscher Verlag 1961.

29 人民公安 [Öffentliche Sicherheit des Volks], Nr. 15 (1965), S. 4 ff., zit. in: Michael Schoenhals: »Sex in Big-Character Posters from China's Cultural Revolution: Gendering the Class Enemy«, in: *Gender Politics and Mass Dictatorship: Global Perspectives*, hrsg. v. Jie-Hyun Lim/Karen Petrone, Basingstoke: Palgrave Macmillan 2011, S. 237–257, hier S. 237 f.

30 Simon Tormey: *Making Sense of Tyranny: Interpretations of Totalitarianism*, Manchester: Manchester University Press 1995, S. 115.

31 Toshio Nagano: »일본의 총력전체제« [Das totale Kriegssystem Japans], in: Lim/Kim (Hrsg.): 대중독재 I, S. 517–532; Yasushi Yamanouchi/J. Victor Koschmann/Ryūichi Narita (Hrsg.): *Total War and »Modernization«*, Ithaca: Cornell University East Asia Program 1998.

32 Siehe Stefan Berger: »독일과영국의총력전체제« [Das totale Kriegssystem in Deutschland und Großbritannien], in: Lim/Kim (Hrsg.): 대중독재 I, S. 149–174.

33 Hogan: *The Culture of Conformism*, S. 58.

34 Georgi Schischkoff: *Die gesteuerte Vermassung. Ein sozialphilosophischer Beitrag zur Zeitkritik*, Meisenheim: Anton Hain 1964, S. 120 f.

35 Leszek Kołakowski: »Totalitarianism and the Virtue of the Lie«, in: *1984 Revisited: Totalitarianism in Our Century*, hrsg. v. Irving Howe, New York: Harper Collins 1983, S. 122–135, hier S. 133.

36 Václav Havel: *Versuch, in der Wahrheit zu leben*, übers. v. Gabriel Laub, Reinbek: Rowohlt 1990.

37 Grzegorz Miernik (Hrsg.): *Polacy wobec PRL: Strategie przystosowawcze* [Polen gegenüber der Volksrepublik Polen: Strategien der Anpassung], Kielce: Kieleckie Towarzystwo Naukowe 2003, S. 7; Harald Dehne: »소비하거나 몰락하거나« [Konsumbefriedigung als Sozialpolitik seitens der Führung? Sisyphos zwischen der Sicherung des Zentralplans und dem Begehren des

Volks], in: 대중독재 III: 일상의 욕망과 미망 [Massendiktatur III: Zwischen Begehren und Täuschung], hrsg. Jie-Hyun Lim/Yong-Woo Kim, Seoul: Chaeksesang 2007, S. 285–307, hier S. 304 f.

38 Andrzej Walicki: *Polskie zmagania z wolnością: widziane z boku* [Polens Kampf mit der Freiheit: vom Rande aus gesehen], Kraków: Universitas 2000, S. 102–109.

39 Antonio Gramsci: *Gefängnishefte*, Bd. 6: *Philosophie der Praxis, Hefte 10 und 11*, übers. v. Wolfgang Fritz Haug, hrsg. v. Wolfgang Fritz Haug unter Mitwirkung v. Klaus Bochmann/Peter Jehle/Gerhard Kuck, Hamburg: Argument Verlag 2012, S. 1242 ff.

40 De Grazia: *The Culture of Consent*, S. 12, 21 f., passim.

41 Sheldon Garon: *Molding Japanese Minds: The State in Everyday Life*, Princeton: Princeton University Press 1997.

42 Der Begriff der Zustimmungsdiktatur findet sich in Martin Sabrow: »Dictatorship as Discourse: Cultural Perspectives on SED Legitimacy«, in: Jarausch (Hrsg.): *Dictatorship as Experience*, S. 195–212, hier S. 208.

43 Žižeks Vorschlag, Havel mit Althusser zu lesen, ließe sich auch dahingehend erweitern, Havel mit Althusser, Foucault und Gramsci im Kontext der Untersuchung der Massendiktatur zu lesen. Vgl. Slavoj Žižek: *Totalitarismus. Fünf Interventionen zum Ge- oder Missbrauch eines Begriffs*, übers. v. Oliver Hörl, Hamburg: Laika-Verlag 2012, S. 78.

44 Vgl. Michael Wildt: »나치의민족공동체-새로운정치질서« [Die nationalsozialistische Volksgemeinschaft – eine neue politische Ordnung], in: Lim/Kim (Hrsg.): 대중독재 I, S. 177–207. Zur Anziehungskraft, die diese Vorstellungen für gewöhnliche Menschen haben können, siehe Michael Wildt: *Volksgemeinschaft als Selbstermächtigung: Gewalt gegen Juden in der deutschen Provinz 1919 bis 1939*, Hamburg: Hamburger Edition 2007.

45 Paul Betts: »The New Fascination with Fascism: The Case of Nazi Modernism«, in: *Journal of Contemporary History* 37, Nr. 4 (Oktober 2002), S. 541–558, hier S. 544.

46 Michel Foucault: *Sexualität und Wahrheit*, Bd. 1: *Der Wille zum Wissen*, übers. v. Ulrich Raulff/Walter Seitter, Frankfurt a. M.: Suhrkamp 1983, S. 129–140; Michel Foucault: »Die Gesundheitspolitik im 18. Jahrhundert«, in: ders.: *Schriften in vier Bänden. Dits et Ecrits*, Bd. III: *1976–1979*, übers. v. Michael Bischoff/Hans-Dieter Gondek/Hermann Kocyba/Jürgen Schröder, hrsg. v. Daniel Defert/François Ewald unter Mitarbeit von Jacques Lagrange, Frankfurt a. M.: Suhrkamp 2003, S. 19–37.

47 George L. Mosse: *The Fascist Revolution. Toward a General Theory of Fascism*, New York: Howard Fertig 1999, S. 48; George L. Mosse: *Nationalismus und Sexualität. Bürgerliche Moral und sexuelle Normen*, übers. v. Jörg Trobitius, Reinbek: Rowohlt 1987, S. 32 f.

48 Carl Schmitt: *Die geistesgeschichtliche Lage des heutigen Parlamentarismus*, 10. Aufl., Berlin: Duncker & Humblot 2017, S. 22.

49 Michael Hardt/Antonio Negri: *Empire. Die neue Weltordnung*, übers. v. Thomas Atzert/Andreas Wirthensohn, Frankfurt a. M./New York: Campus 2002, S. 101, 147. Die scharfe Kritik von Hardt und Negri an der »Souveränitätsmaschine« und Schmitts glühende Befürwortung der »souveränen Diktatur« verweisen auf ein und dieselbe historische Grundlage, nämlich die Formation des modernen souveränen Staats.

50 Schoenhals: »Sex in Big-Character Posters«, S. 238.

51 Mosse: *The Fascist Revolution*, S. 76.

52 Eugen Weber: *Varieties of Fascism. Doctrines of Revolution in the Twentieth Century*, Princeton: Van Nostrand 1964, S. 139.

53 Hardt/Negri: *Empire*, S. 125.

54 Vgl. Jie-Hyun Lim: »Nationalist Messages in Socialist Code: On the Party Historiography in People's Poland and North Korea«, in: ders.: *Global Easts: Remembering, Imagining, Mobilizing*, New York: Columbia University Press 2022, S. 226–248.

55 Jie-Hyun Lim: »Befreiung oder Modernisierung? Sozialismus als ein Weg der anti-westlichen Modernisierung in unterentwickelten Ländern«, in: *Beiträge zur Geschichte der Arbeiterbewegung* 43, Nr. 2 (2001), S. 5–23; Jie-Hyun Lim: »Socjalizm, ale jaki …? Ideologia mobilizacji ludu w procesie modernizacji w Azji Wschodniej« [Sozialismus, aber was für einer …? Die Ideologie der Volksmobilisierung im Modernisierungsprozess in Ostasien], in: *Dzieje Najnowsze* 31, Nr. 1 (2000), S. 163–176.

56 George L. Mosse: *Die Nationalisierung der Massen: Politische Symbolik und Massenbewegungen von den Befreiungskriegen bis zum Dritten Reich*, übers. v. Otto Weith, Frankfurt a. M./New York: Campus 1993.

57 Salvador Giner: *Mass Society*, New York: Academic Press 1976, S. 127.

58 Emilio Gentile/Robert Mallett: »The Sacralisation of Politics: Definitions, Interpretations and Reflections on the Question of Secular Religion and Totalitarianism«, in: *Totalitarian Movements and Political Religions* 1, Nr. 1 (Sommer 2000), S. 18–55.

59 Benedict R. Anderson: *Die Erfindung der Nation. Zur Karriere eines folgenreichen Konzepts*, übers. v. Benedikt Burkard/Christoph Münz, Berlin: Ullstein 1998, S. 17–25.

60 George Monbiot: »America Is a Religion«, in: *Guardian*, 29. Juli 2003.

61 Gentile/Mallett: »Sacralisation of Politics«, S. 24 f.

62 Siehe Jarausch (Hrsg.): *Dictatorship as Experience*; Robert Gellately: *Hingeschaut und weggesehen: Hitler und sein Volk*, übers. Holger Fliessbach, Stuttgart/München: Deutsche Verlags-Anstalt 2002; Robert Mallet: »Consent or Dissent? Territorial Expansion and the Question of Political Legitimacy in Fascist Italy«, in: *Totalitarian Movements and Political Religions* 1, Nr. 2 (Herbst 2000), S. 27–46.

63 Michel de Certeau: *Heterologies: Discourse on the Other*, übers. v. Brian Massumi, Minneapolis: Minnesota University Press 1986, S. 188 f., 197.

64 Peter Lambert: »아래로부터의역사-나치즘과제3제국« [Geschichte von unten, Nazismus und Drittes Reich: Paradigmenwechsel und Probleme], in: Lim/Kim (Hrsg.): 대중독재 III, S. 41–70.

65 José Ortega y Gasset: *Der Aufstand der Massen*, übers. v. Helene Weyl, München: Deutsche Verlags-Anstalt 2012.

66 Alf Lüdtke: »꾸불꾸불가기« [Praktizieren und Mäandrieren], in: Lim/Kim (Hrsg.): 대중독재 III, S. 13–37.

67 Jerrold Seigel: »Problematizing the Self«, in: *Beyond the Cultural Turn: New Directions in the Study of Society and Culture*, hrsg. v. Victoria E. Bonnell/Lynn Hunt, Berkeley: University of California Press 1999, S. 281–314, hier S. 287.

68 Alf Lüdtke: »Attraction and Power of (Self-)Energizing: National Socialism in Germany, 1933–1945«, Vortrag bei der 123. Jahrestagung der American Historical Association, New York, 4. Januar 2008.

69 Paul Corner: »Self-Mobilisation in Mass Dictatorships – the Italian Example«, Vortrag bei der 123. Jahrestagung der American Historical Association, New York, 4. Januar 2008.

70 Jie-Hyun Lim: »Conference Report: Coercion and Consent: A Comparative Study of ›Mass Dictatorship‹«, in: *Contemporary European History* 13, Nr. 2 (Mai 2004), S. 249–252.

71 Viele wichtige Impulse kamen in diesen Kontext aus dem Forschungsgebiet der Alltagsgeschichte. Siehe Alf Lüdtke (Hrsg.): *Alltagsgeschichte. Zur Rekonstruktion historischer Erfahrungen und Lebensweisen*, Frankfurt a. M./New York: Campus 1989; Detlev J. K. Peukert: *Volksgenossen und Gemeinschaftsfremde. Anpassung, Ausmerze und Aufbegehren unter dem Nationalsozialismus*, Köln: Bund-Verlag 1982.

72 Dies dürfte sich jedoch als außerordentlich komplizierte Aufgabe herausstellen, da sie unter anderem erfordert, die Kluft zwischen wahrgenommener und objektiver Wirklichkeit zu überbrücken.

73 Raul Hilberg: »Significance of the Holocaust«, in: *The Holocaust: Ideology, Bureaucracy, and Genocide*, hrsg. v. Henry Friedlander/Sybil Milton, Millwood: Kraus International 1980, S. 95–102, hier S. 101.

74 Abermals bestätigt wurde diese Beobachtung kürzlich am Beispiel der Kriegsverbrecher im früheren Jugoslawien. Siehe dazu Slavenka Drakulić: *Keiner war dabei. Kriegsverbrechen auf dem Balkan vor Gericht*, übers. v. Barbara Antkowiak, Wien: Paul Zsolnay 2004.

75 Bauman: *Dialektik der Ordnung*, S. 166, Hervorh. im Original.

76 Mann: *Die dunkle Seite der Demokratie*, S. 21.

77 Seigel: »Problematizing the Self«, S. 289.

78 Félix Guattari: *Molecular Revolution*, Harmondsworth: Penguin 1984, S. 229.

KLEINE KULTURWISSENSCHAFTLICHE BIBLIOTHEK

Wolfgang Ullrich Die Kunst nach dem Ende ihrer Autonomie

Muss Kunst heute politisch, fair und klimaneutral sein? Was unterscheidet sie noch von Mode und Design? Kritisch und zugleich kulturoptimistisch: Wolfgang Ullrichs umfassende Analyse eines Paradigmenwechsels, dessen Konsequenzen weit über die Kunst hinausreichen.

KKB 90. Klappenbroschur. 192 Seiten mit 40 teils farbigen Abbildungen

Deborah Nelson Denken ohne Trost

Arbus, Arendt, Didion, McCarthy, Sontag, Weil

Von Frauen wird Tröstung verlangt. Deborah Nelson nähert sich sechs beeindruckenden Denkerinnen, die sich weigerten, die harte Realität im Meer der Gefühle untergehen zu lassen.

Aus dem amerikanischen Englisch von Birthe Mühlhoff
Mit einem Nachwort von Merve Emre
KKB 91. Klappenbroschur. 240 Seiten

Anke te Heesen Revolutionäre im Interview

Thomas Kuhn, Quantenphysik und Oral History

Wie kommen revolutionäre Entdeckungen zustande? Die unbekannte Geschichte eines Interviewprojekts im Kalten Krieg, das den Helden der Quantenphysik das Geheimnis der wichtigsten wissenschaftlichen Revolution des 20. Jahrhunderts zu entlocken versuchte.

KKB 92. Klappenbroschur. 240 Seiten

Marshall Sahlins, David Graeber Über Könige

Versuche einer Archäologie der Souveränität

Warum und wie kann ein einzelner Mensch als Verkörperung oder Stellvertreter eines Gottes über viele gebieten? Zwei der bedeutendsten Anthropologen und Gesellschaftskritiker der Gegenwart entschlüsseln eine uralte Herrschaftsform.

Aus dem amerikanischen Englisch von Daniel Fastner
KKB 93. Klappenbroschur. 160 Seiten

Peter Burke Tumult und Spiele

Theater, Calcio und Karneval im Italien der Renaissance

Mit meisterlicher Leichtigkeit überführt Peter Burke Jahrzehnte seiner Forschung in eine glänzende Erkundung der Alltagsgeschichte und zeigt: Der Mensch der Renaissance war ein spielender.

Aus dem Englischen von Matthias Wolf
KKB 94. Klappenbroschur. 160 Seiten

Elizabeth Duval Nach Trans

Sex, Gender und die Linke

Was bedeutet es, trans zu sein? Die spanische Philosophin Elizabeth Duval über Biologie und Begriffe, Geschlechtsidentität und Gender-Neuplatonismus – und die Zukunft der Linken: ein brillanter Essay, streitbar, aber nicht unversöhnlich.

Aus dem Spanischen von Luisa Donnerberg
KKB 95. Klappenbroschur. 224 Seiten

Andreas Bähr Athanasius Kircher

Ein Leben für die Entzifferung der Welt

Gelehrsamkeit vor Beginn der modernen Wissenschaft: eine Reise in die Welt des Universalgelehrten und genialen Dilettanten Athanasius Kircher und die brillante Annäherung an ein abenteuerliches Leben im 17. Jahrhundert, auf vollkommen neue Weise erzählt.

KKB 96. Klappenbroschur. 224 Seiten mit 10 Abbildungen

Wenn Sie mehr über den Verlag und seine Bücher wissen möchten, schreiben Sie uns eine Postkarte oder elektronische Nachricht (mit Anschrift und E-Mail). Wir informieren Sie dann regelmäßig über unser Programm und unsere Veranstaltungen.

Verlag Klaus Wagenbach Emser Straße 40/41 10719 Berlin
www.wagenbach.de vertrieb@wagenbach.de

Opfernationalismus erschien im Frühjahr 2024 als Band 97 in der Reihe **KLEINE KULTURWISSENSCHAFTLICHE BIBLIOTHEK.**

»Opfernationalismus. Nationale Trauer und globale Verantwortlichkeit« erschien zuerst unter dem Titel »Victimhood Nationalism in Contested Memories: National Mourning and Global Accountability« in: Aleida Assmann und Sebastian Conrad (Hrsg.): *Memory in a Global Age: Discourses, Practices and Trajectories*, Basingstoke 2010, S. 138–162.

»Postkoloniale Reflexionen über das mnemonische Zusammentreffen von Holocaust, stalinistischen Verbrechen und Kolonialismus« erschien zuerst unter dem Titel »Triple Victimhood: On the Mnemonic Confluence of the Holocaust, Stalinist Crime, and Colonial Genocide« in: *Journal of Genocide Research*, 23:1 (2021), S. 105–126.

»Kartierung der Massendiktatur. Ansätze zu einer transnationalen Diktaturgeschichte des 20. Jahrhunderts« erschien zuerst unter dem Titel »Mapping Mass Dictatorship: Toward a Transnational History of Twentieth-Century Dictatorship« in: Jie-Hyun Lim und Karen Petrone (Hrsg.), *Gender Politics and Mass Dictatorship: Global Perspectives*, Basingstoke 2011, S. 1–22.

Die in diesem Band veröffentlichten Aufsätze entsprechen der überarbeiteten Version aus Jie-Hyun Lims Textsammlung *Global Easts. Remembering, Imagining, Mobilizing*, die 2022 bei Columbia University Press erschien.

KLEINE
KULTURWISSENSCHAFTLICHE
BIBLIOTHEK
wurde 1988 in Referenz an Aby Warburg gegründet.

www.wagenbach.de
Umschlaggestaltung nach einem Konzept von GROOTHUIS Gesellschaft der Ideen und Passionen mbH. Gesetzt aus der Minion Pro und der BrownStd. Gedruckt und gebunden bei Pustet, Regensburg. Printed in Germany.

ISBN 978 3 8031 5197 1